MERIAN

Reiseführer

Island

W0087894

Gudrun M. H. Kloes | Marled Mader | Christian Nowak

HÆ ÍSLAND!

6–59 Der erste Blick auf Island
MERIAN Top 10 8 | MERIAN Empfehlungen 10 |
Island kompakt 12 | Geschichte 16 | Vulkanismus 22 |
Architektur 28 | Literatur 32 | Winterzauber 38 |
Festkalender 40 | Kunst und Kultur 44 | Museen und
Galerien 48 | Handwerk 52 | Kulinarik 54 | Kulinari-
sches Lexikon 58

62–89 Reykjavík und Umgebung
Reykjavík 63 | Mosfellsbær 79 | Hafnarfjörður 80 |
Reykjanesbær 83 | Garður 85 | Reykjanesviti 86 |
Grindavík 87 | Seltún 89

90–111 Der Westen
Akranes 91 | Hvalfjörður 93 | Borgarnes 93 | Hvanneyri
94 | Reykholt 95 | Hraunfossar 99 | Húsafell 99 |
Viðgelmir 100 | Snæfellsnes 100 | Stykkishólmur 103 |
Flatey 105 | Grábrók 106 | Búðardalur 107 | Látrabjarg
108 | Dynjandi 108 | Ísafjörður 109 | Hólmavík 110 |
Strandir 111

112–143 Der Norden
Hvammstangi 113 | Blönduós 114 | Sauðárkrókur 115 |
Hólar 119 | Hofsós 120 | Siglufjörður 121 | Grímsey
124 | Akureyri 124 | Gamli Bærinn Laufás 129 | Goða-
foss 132 | Mývatn 132 | Húsavík 137 | Jökulsárgljúfur
140 | Melrakkaslétta 141 | Möðrudalur 142

144–159 Der Osten
Vopnafjörður 145 | Egilsstaðir 147 | Bakkagerði 151 |
Seyðisfjörður 151 |Eskifjörður 153 | Fáskrúðsfjörður
156 | Stöðvarfjörður 157 | Djúpivogur 158

160–189 Der Süden
Höfn 161 | Hornafjörður 162 | Jökulsárlón 164 |
Skaftafell 165 | Kirkjubæjarklaustur 166 | Vík í
Mýrdal 170 | Skógar 172 | Vestmannaeyjar 172 |
Seljalandsfoss 175 | Hvolsvöllur 176 | Hella 177 |
Þjóðveldisbærinn 178 | Selfoss 180 | Fluðir 181 |
Golden Circle 183 | Hveragerði 187

190–197 Das Hochland
Hochlandrouten 191 | Ziele im Süden 194 |
Ziele im Norden 197

Service 208 | Orts- und Sachregister 216 |
Impressum 223

DIE THEMEN DER INSEL

Wie lebten die Wikinger? 20 | Energie aus der Erde 26 | Sigurjón
Birgir Sigurðsson 37 | Schaf- und Pferdeabtrieb 42 | Filmland Island 46 |
Eigenheiten des isländischen Geschmacks 56 | Islands Hundstagekönig
68 | Vigdís Finnbogadóttir 76 | Das Volk der Verborgenen 82 | Árni
Magnússon 96 | Der große Ausflug 116 | Islandpferde 122 | Invasion der
Schönblüher 130 | Islands Bierboom 154 | Anschauliche Sprache 168

AUSFLÜGE UND WANDERUNGEN

Das Tal Elliðaárdalur 200 | Die Region Borgarfjörður 201 | Ásbyrgi,
Hljóðaklettar und Vulkankegel Rauðhólar 203

UNSER ISLAND

*Kaum ist man sich ein paar wenige Male begegnet, schon
stürzt man sich im Vertrauen, dass es schon gut gehen
wird, in das Abenteuer, gemeinsam ein Buch zu verfassen.
Isländischer kann diese Herangehensweise nicht sein.
Und nun halten Sie unser Buch in der Hand.*

Wir kamen beide vor rund vierzig Jahren erstmals nach Island,
aus unterschiedlichen Beweggründen, als der Tourismus in den
Kinderschuhen steckte und nur im Sommer stattfand. Als Icelandair nur wenige Flughäfen in Europa ansteuerte: Für uns lag
der nächste in Luxemburg. Wir kamen – immer getrennter
Wege, weil wir uns ja nicht kannten – in einer Zeit vor den Leih-
wagen, der Nordlichtbegeisterung, den feinen Hotels und den
Cafés an allen Ecken und Enden. Es gab nur ein Café, und ge-
nau wie uns gibt es auch das Mokka in Reykjavík noch immer.

Während der Corona-Krise und ihren Folgen im Jahr 2020
fühlte Island sich ein wenig an wie damals. Und vieles wirkte
viel zu groß, geradezu fehl am Platz in der stillen, unbesuch-
ten Landschaft: der Flughafen in Keflavík mit seinen langen
Hallen, selbst die Flugzeuge; die Hotels überall, die Blaue Lagune oder die Parkplätze bei Gullfoss und Geysir. Man hätte
sich gewünscht, es würde alles schrumpfen.

Aber das geht nicht. Tourismus ist der Haupterwerbszweig
Islands, gefolgt von Energieproduktion aus erneuerbaren Ressourcen und der Fischindustrie, die strenger Regulierung un-
terliegt. Der Tourismus aber entfaltete sich in all seiner unge-
bremsten Pracht, bis im Jahr 2019 rund zwei Millionen
Besucher den rund 360 000 Einwohnern gegenüberstanden.

Nun verteilen sich die Besucher über Zeit und Raum; sie
sind nicht alle auf einmal da. Island hat sich als ganzjähriges
Reiseziel etabliert, wobei jede Jahreszeit ganz eigene Reize entfaltet. Taghelle Sommernächte und Mitternachtssonne, dann
erste Nordlichter und Schafabtriebe im Herbst, später das
strahlende, subarktische Firmament im Winter bei kurzen Ta-

Ein beliebter Treffpunkt: das Café Mokka in Reykjavík.

gen und gelegentlichen Schneestürmen, und schließlich im Frühjahr die belebende Rückkehr der Zugvögel, im Verein mit Fohlen und Lämmern auf den Weiden. Eine Fülle an Eindrücken ist garantiert, nur mit sehr warmen Tagen darf bei dem subarktischen Klima nicht gerechnet werden. Doch gibt es eine isländische Besonderheit zum Ausgleich: Die im ganzen Land verstreuten Schwimmbäder mit naturheißem Wasser lindern jeden Kälteschauer auf angenehme und preiswerte Weise.

Wir wünschen Ihnen viele schöne Abenteuer auf der Vulkaninsel sowie eine sichere Reise.

Gudrun M. H. Kloes veröffentlichte ihren ersten Island-Reiseführer 1982, gefolgt von zahlreichen weiteren islandspezifischen Büchern und Artikeln. Sie übersetzt Belletristik und Bühnenwerke aus dem Isländischen ins Deutsche und hat lange Jahre als Tourismusbeauftragte im Nordwesten der Insel gewirkt. **Marled Mader** kennt Island seit fast 40 Jahren. In ihrer früheren Lehrtätigkeit war sie mit Comeniusprojekten unter Beteiligung isländischer Schulen, in Planung und Betreuung von Kleingruppenreisen zum Thema Starke Frauen und immer wieder allein mit Mietwagen und Zelt in ihrer zweiten Heimat unterwegs. Heute verbringt sie einen Großteil ihrer Zeit in Island.

In vielen Gegenden Islands brodelt und blubbert es, zischt und dampft es aus der Erde. Besonders beeindruckend und bequem zu erreichen ist das Solfataren- und Fumarolengebiet am Námafjall im Norden (s. S. 135).

DER ERSTE BLICK
AUF ISLAND

★ MERIAN TOP 10

Das sind sie – die Sehenswürdigkeiten, für die Island über seine Grenzen hinaus bekannt ist.

⭐ Reykjavík
Islands junge Hauptstadt und ihre Nachbargemeinden besitzen die vielseitigsten Museen, Restaurants, Clubs und Einkaufsmöglichkeiten der Insel. → S. 63

⭐ Bláa Lónið (Blaue Lagune)
Ein Bad im wohlig-warmen Wasser des künstlich angelegten, milchig-blauen Sees inmitten einer bizarren Vulkanlandschaft ist zu jeder Jahreszeit herrlich entspannend. → S. 88

⭐ Snæfellsjökull-Nationalpark
Überstrahlt vom legendenumwobenen Gletscher Snæfellsjökull bietet der Nationalpark gute Wanderstrecken, malerische Orte und geschichtsträchtige Strände. → S. 100

⭐ Mývatn
Der »Mückensee«, in liebliche grüne Hügel, aber auch in vulkanisch geprägte Landschaft eingebettet, ist für sein reiches Vogelleben bekannt. In seiner Umgebung begeistern Krater, Lavaformationen, Solfataren sowie eine Badelagune. → S. 132

⭐ Húsavík
Der Ort ist Islands Hotspot für Touren zur Walbeobachtung. Besucher finden eine entsprechend gute Auswahl an Unterkünften, Restaurants und Läden. → S. 137

⭐ Jökulsárlón
Weiße, klare, bläuliche, aber auch von Vulkanasche grau gefärbte Eisberge kalben vom Gletscher Breiðamerkurjökull in Islands bekannteste und am einfachsten zu erreichende Gletscherlagune im Süden des Landes. → S. 164

Ein beeindruckendes Naturschauspiel, das sich in steter Regelmäßigkeit etwa alle zehn Minuten wiederholt: die Heißwasserfontäne des Geysirs Strokkur.

7 Dyrhólaey
Als vulkanischer Überrest ragt die Landzunge malerisch wie eine gigantische Brücke über schwarzem Sand ins Meer, gesäumt von weißer Gischt. → S. 171

8 Geysir
Während der Namensvater aller Geysire der Welt sich rar macht, schleudert der kleinere Strokkur im Thermalfeld Haukadalur alle paar Minuten zuverlässig eine sprühende Wasserfontäne in den Himmel. → S. 184

9 Gullfoss
Der zweistufige, riesige Wasserfall, von den Inlandgletschern gespeist, ist ein einmaliges Naturphänomen. → S. 184

10 Þingvellir-Nationalpark
Die historisch bedeutende Ebene, durchzogen von tiefen Spalten, die die eurasische von der amerikanischen Kontinentalplatte trennen, bietet gute Wandermöglichkeiten. → S. 185

⚑ MERIAN
EMPFEHLUNGEN

Ungewöhnliche Perspektiven, charmante Orte und feine Details versprechen besondere Augenblicke.

⚑ 1 Garður
Die Leuchttürme bei Garður sind besonders im Winter unter Nordlichtern fotogen. → S. 85

⚑ 2 Hvanneyri
Interessante Einblicke in die Landwirtschaft von einst. → S. 94

⚑ 3 Flatey
Autofreie Insel in der Bucht Breiðafjörður. → S. 105

⚑ 4 Grábrók
Der Kraterrand von Grábrók bietet eindrucksvolle Ausblicke auf die moosbewachsene Lava. → S. 106

⚑ 5 Eiríksstaðir
Im Sagatal Haukadalur kann man in Eiríksstaðir auf den Spuren von Erik dem Roten wandeln. → S. 107

⚑ 6 Strandir
So einsam und wild wie in der Strandir-Region ist es sonst nur noch im Hochland. → S. 111

⚑ 7 Grettislaug
Schon der Sagaheld Grettir soll sich im naturwarmen Nass entspannt haben. → S. 117

⚑ 8 Siglufjörður
Siglufjörður ist eine Ortschaft mit bewegter Geschichte. Nun erlebt sie einen neuen Aufschwung. → S. 121

Das Heringsmuseum in Siglufjörður erinnert an eine Zeit, als der Fischfang das Leben in dem kleinen Ort weit im Norden Islands bestimmte.

9 Möðrudalur
Auf dem höchstgelegenen Hof Islands gibt es lokale Spezialitäten und ein interessantes Kirchlein. → S. 142

10 Lagarfljót
Malerisch präsentiert sich der See bei Egilsstaðir. → S. 148

11 Eggin í Gleðivík, Djúpivogur
Überdimensionierte Eier aus Stein schmücken als Kunstwerke den Hafen von Djúpivogur. → S. 159

12 Dverghamrar
Legenden ranken sich um diese schönen Basaltsäulen. → S. 167

13 Urriðafoss
An Islands längstem Fluss Þjórsá fällt der breite Wasserfall über eine Lavakante. → S. 178

14 Laugarvatnshellir
Bis ins 20. Jahrhundert war die Höhle noch bewohnt – heute ist sie restauriert und kann besichtigt werden. → S. 185

15 Hellisheiðarvirkjun
Geologisch interessante Ausstellung im Kraftwerk. → S. 188

ISLAND KOMPAKT

Amtssprache: Isländisch
Einwohner: 364 100
Fläche: 103 100 km²
Größte Stadt: Reykjavík mit rund 131 000 Einwohnern
Küstenlänge: 4970 km
Religion: 63,5 % evang.-luth., 4 % kath., 1,3 % Ásatrú, 3 % luth. Freikirchen, 14 % nicht registrierte Glaubensgemeinschaften, 7,1 % konfessionslos
Währung: Isländische Krone (ISK)

Inselstaat im hohen Norden
Mit seiner Insel Grímsey im Norden reicht Island bis an den **Polarkreis** bei 66° nördl. Breite; das Festland kommt nur im Nordosten knapp an ihn heran. Im Vergleich dazu: Freiburg oder Paris liegen auf 48° nördl. Breite.

Island ist eine junge Vulkaninsel, die mit zahlreichen aktiven **Vulkanen** immer noch im Entstehen begriffen ist. Hier treffen die eurasische und amerikanische Kontinentalplatte aufeinander und bewirken eine Bruchdrift von ca. 2 cm pro Jahr.

Das **Klima** hier im Norden ist subarktisch, mit langen Wintern und kurzen Sommern, in denen die Sonne kaum untergeht. Dafür dauern die Tage im tiefsten Winter nicht länger als drei bis vier Stunden, zuzüglich ausgedehnter Dämmerungsphasen.

Ein kleines, aber ganz besonderes Land
Die vom Golfstrom begünstigte Nordmeerinsel zählt mit ihren 356 000 Einwohnern gerade einmal 0,00047 % der Weltbevölkerung. Angesichts dieser Zahlen ist es erstaunlich, dass ein so kleines Land es immer wieder in die internationale Presse schafft – sei es durch Sportereignisse wie bei der Fußballeuropameisterschaft 2016, skurrile Weihnachtsbräuche, faszinierende Landschaften oder die wankelmütige Landesnatur.

Reykjavík ist die größte Stadt Islands, zusammen mit ihren Vororten bildet sie das **Hauptstadtgebiet** mit rund 233 000 Einwohnern, während **Borðeyri**, die kleinste Gemeinde mit 15 dauerhaften Einwohnern, im Nordwesten liegt. Der kleinere Ort

Wer sie einmal erlebt hat, wird sie lieben: Papageitaucher sind in der Luft relativ gut unterwegs, nur beim Landen müssen sie noch etwas üben.

steht dem größeren an historischer Bedeutung kaum nach. Borðeyri war beispielsweise nach Seyðisfjörður im Osten einer der ersten Orte Islands mit Telefon. Von Borðeyri, das den Status einer für das 19. Jh. beispielhaften, denkmalgeschützten Niederlassung hat, liefen die **Auswandererschiffe** nach Nordamerika aus.

Feuer und Eis

Die höchste Erhebung liegt in Europas größtem Gletscher in Europas ausgedehntestem **Nationalpark Vatnajökull**. Mit 2110 m überragt der **Hvanna-** **dalshnjúkur** die Einöden und besiedelten Gebiete Islands mit Abstand. Nicht weit davon entfernt befindet sich der aktive Vulkan **Grímsvötn**, zuletzt 2011 ausgebrochen. Viele aktive Vulkane, darunter Bárðarbunga, Katla, Hekla und Eyjafjallajökull, unterliegen strenger Überwachung.

Missetäter-Lava

Das ausgedehnteste Lavafeld Islands ist das 4400 km² große **Ódáðahraun** am Nordrand des Vatnajökull, das sich weit ins bewohnte Gebiet im Norden erstreckt. Der Name des meist kahlen und unzugänglichen Lavafelds leitet sich vom Wort *ódáð*, Untat, her und weist auf seine Rolle als Zufluchtsort all jener hin, die die Gesellschaft nicht in ihrem Umkreis duldete: Verurteilte, Leprakranke, Verarmte und andere Ausgestoßene.

Umfangreiche Lehre

In Island lehren sieben **Universitäten**, vier staatliche und drei private. Sie liegen nicht alle in der Hauptstadt, sondern beispielsweise mitten in einem Lavafeld (Bifröst), an einem Gletscherfluss (Hvanneyri) oder am Bischofssitz in einem abgeschiedenen Tal im Norden (Hólar). Auf einigen Gebieten hat Island Alleinstellungsmerkmale: Es unterhält das **Institut für Thermalenergie der UN** sowie das der Universität Akureyri angegliederte **Institut Vilhjálmur Stefánsson für arktische und zirkumpolare Forschung**.

Sprache

Isländisch ist eine nordische Sprache, deren alte Wurzeln bis auf den heutigen Tag ziemlich rein erhalten sind. Neue Begriffe für moderne Phänomene werden von einer **Kommission für Wortschöpfung** in das Isländische überführt. Dabei entstehen häufig recht fantasievolle, an die isländische Grammatik angelehnte Begriffe, wie beispielsweise »Glühfrucht« für

Klima (Mittelwerte)

	Januar	Februar	März	April	Mai	Juni	Juli	August	September	Oktober	November	Dezember
Tagestemperatur	2	3	4	6	9	12	14	13	11	7	3	2
Nachttemperatur	-3	-2	-2	0	4	5	7	8	5	2	-2	-4
Sonnenstunden	1	2	4	5	6	5	7	5	4	3	1	1
Regentage pro Monat	13	13	14	12	10	11	10	12	12	15	13	14

Apfelsine/Orange. Der Volksmund will es aber oft anders meinen, verleibt sich Fremdwörter ein und sagt zu der Frucht einfach *appelsína*.

Religion

Eine Trennung von Kirche und Staat hat in Island bisher nicht stattgefunden; die **Staatsreligion** ist lutherisch. Derzeit stark im Kommen ist die alte Glaubensgemeinschaft **Ásatrú** (Asenglaube), die die Götter der nordischen Mythologie verehrt. Diese Gemeinschaft ist hinsichtlich Eheschließung, Namensgebung von Kindern und anderen Ritualen der Staatskirche juristisch gleichgestellt. Auffallend sind die vielen kleinen **Landkirchen**, die oft wie träumend in der Landschaft stehen. Meistens handelt es sich dabei um Eigenkirchen, von Laien erbaut. Bereits die Sagas berichten von Gotteshäusern, die auf dem Hofgelände errichtet wurden.

Politik

Islands Parlament **Alþingi** zählt weltweit zu den ältesten Institutionen dieser Art. Es trifft alle Entscheidungen des kleinen Landes für das innere Wohl und seine Außenbeziehungen. Kommunale Angelegenheiten werden lokal von Gemeindeverwaltungen geregelt. Island ist Mitglied der EFTA und somit **Schengen-Partner**. Außerdem ist Island **NATO-Partner**.

Wirtschaft

Innerhalb von zehn Jahren hat sich der **Tourismus** auf Platz eins der isländischen Wirtschaft katapultiert, gefolgt von der nun abgehängten **Fischindustrie** und der innovativen **Landwirtschaft**.

Nebenbei bemerkt

Gleichberechtigung: Island liegt bei den jährlichen Erhebungen des Weltwirtschaftsforums (Global Gender Gap Report) seit mehr als zehn Jahren an erster Stelle.

Gar nicht so kalt: Reykjavíks Durchschnittstemperatur im Januar beträgt 0,4 °C und liegt damit um 0,2 °C höher als in Berlin.

Glaube und Aberglaube: Die liegen in Island manchmal in einer Hand. Im Juni 2020 wurde ein Pastor gewonnen, um ein ruchloses Gespenst auszutreiben. Die Beschwörung soll erfolgreich verlaufen sein …

GESCHICHTE

Am Rande Europas gelegen, stellt Island eine eigene kleine Welt dar. Die junge Nation hatte immer zu kämpfen: um ihre Unabhängigkeit, gegen Seuchen und Hunger sowie gegen eine oftmals übermächtige Natur.

Die ersten Siedler lassen sich nieder (8./9. Jahrhundert)
Als erster dauerhafter Siedler in Island gilt der norwegische Wikinger **Ingólfur Arnarson**, der sich im 9. Jahrhundert im Gebiet des heutigen Reykjavík niederließ, nachdem er wegen diverser Anklagen aus Norwegen fliehen musste. Archäologische Funde legen jedoch nahe, dass **Norweger** bereits im 8. Jahrhundert auf den Westmännerinseln sowie im Osten der Insel temporäre Wohn- und Jagdstätten errichteten. Man geht von rund 400 Einwandererfamilien im 9. und 10. Jahrhundert aus, die sich um die ganze Insel verteilten. Das einzigartige Protokoll einer Besiedlung, die Handschrift »landnámabók«, das Buch der Landnahme, beschreibt detailliert und umfassend, wer sich wo niedergelassen hat, wohl um möglichen Konflikten über Ländereien in diesem weitläufigen Land vorzubeugen.

Die Suche nach dem Konsens (ab 930)
Die herrschenden Familien Islands sahen sich bald aufgefordert, ihre diversen Streitigkeiten, aber auch unterschiedliche Vergehen und Delikte einvernehmlich zu regeln und Recht zu sprechen. Auf einer geeigneten Ebene, mit ausreichend Weideflächen für die Pferde, mit Wasser und genug Platz für mehrere Hundert Menschen – also Þingvellir – versammelten sich im Jahr 930 die Häuptlinge aller Landesteile und gründeten eine Nationalversammlung, das **Alþingi** (Althing), das man als das erste Parlament Europas bezeichnen könnte. Es tagte einmal im Jahr. Von großer Bedeutung war die Annahme des **Christentums** um das Jahr 1000, das den Untergang des alten Götterglaubens besiegelte.

Im 19. Jahrhundert hatte der Bischof von Island seine Residenz außerhalb von Reykjavík, östlich der Stadt auf der Landzunge Laugarnes.

Zeit der Entdeckungen (10. und 11. Jahrhundert)

Zahlreiche Sagas berichten von der großen Zeit der Entdeckungen, als **Erik der Rote** und sein Sohn **Leifur Eiríksson** sowohl Grönland als auch Küstenstriche Nordamerikas fanden. Der Name Grönland lockte. Damals wie heute waren die Fjorde von grünen Landstrichen eingefasst, die gut als Weideland taugten. Die Siedlungen auf Grönland bestanden bis ins 15. Jahrhundert. Warum sie plötzlich verschwanden, ist bis heute ungeklärt. Eriks Sohn Leifur gilt als der erste Europäer, der einen Küstenstreifen des nordamerikanischen Kontinents systematisch erkundete.

Kirchliche und weltliche Macht (1000–1262)

Das Christentum etablierte sich schnell in Island, und bald schon wurden die ersten Klöster gegründet. Mit ihnen einher ging eine kulturelle Blütezeit. Im Norden und im Süden des Landes entstanden **Bischofssitze**. Andere Zentren, wie etwa eine Hauptstadt, gab es jedoch bis ins 18. Jahrhundert ebenso wenig wie Dörfer. Die ursprüngliche Streusiedlung dominierte auf der Insel. Immer wieder kam es unter den Clans zu

Eskalation im »Kabeljaukrieg« zwischen Island und Großbritannien: Ein isländisches Boot der Küstenwache versucht, die Fangnetze eines britischen Trawlers zu kappen.

Spannungen um die weltliche Vorherrschaft, die in bewaffneten Auseinandersetzungen kulminierten. Bei zwei erbittert geführten **Kämpfen** in Nordwestisland trafen in Örlygsstaðir rund 3000 Bewaffnete, in Haugsnes (→ S. 117) mehr als 1000 Mann aufeinander. Die Fehden schwächten den unabhängigen Staat, der im Jahr 1262 notgedrungen die Souveränität an die norwegischen Krone abtrat.

Fremdbestimmung und Elend (ab 1380)

Durch den Verband der skandinavischen Königreiche fiel Island im Jahr 1380 an **Dänemark**, und es sollte weitere fünfeinhalb Jahrhunderte dauern, bis es seine Unabhängigkeit wiedererlangte. Das dänische Handelsmonopol traf die Bevölkerung der Insel hart. Die hohe Steuer machte sie zu bloßen Lieferanten von Gütern, die in Europa gefragt waren, wie Stockfisch, Butter und Wollstoff, mit denen zeitweise auch die Hanse Handel trieb. Dazu kam es in Island periodisch zu **Hungersnöten**, oft als Folge von Vulkanausbrüchen. **Epidemien** wie Pest und Pocken taten ein Übriges. Die desolate Lage führte im 19. Jahrhundert zu **Auswanderungswellen** nach Amerika.

Der Griff lockert sich (ab Ende 19. Jahrhundert)
Aber die Neuzeit ließ sich nicht aufhalten. Nachdem seit 1904 ein isländischer Vertreter als Minister in Kopenhagen die Interessen seines Landes vertrat, wurde ein Unionsvertrag zwischen Dänemark und Island unterzeichnet. Im **Zweiten Weltkrieg** erkannten die Alliierten Islands strategisch günstige Lage und stationierten britische Truppen im Land, die später von US-Soldaten abgelöst wurden. Eine lange vorbereitete **Volksabstimmung** führte schließlich am 17. Juni 1944 zur Erklärung der Unabhängigkeit an der historischen Stätte Þingvellir.

Krieg um den Kabeljau (Mitte 20. Jahrhundert)
Der junge Staat Island sah sich enormen wirtschaftlichen Problemen gegenüber. Weil andere Nationen, vor allem Briten, in den reichen Fischgründen um Island auf Raubzug gingen, erweiterte die isländische Regierung im Jahr 1952 ihre **Fischereizone** einseitig allmählich von zwei auf sechs, später auf zwölf Seemeilen. Aber das ging zu weit. Die daraus resultierenden Auseinandersetzungen mit England, die zeitweise geradezu kriegerischen Charakter annahmen, gingen als »**Kabeljaukrieg**« in die Geschichte ein. Letztlich beanspruchte Island eine Fischereizone von 200 Seemeilen und inspirierte damit die Europäische Union: Sie folgte dem isländischen Beispiel und weitete ihre eigene Fischereizone entsprechend aus.

Krise und Wiederauferstehung (ab 2008)
In der globalisierten Welt ist kein Staat mehr gänzlich unabhängig. So wurde auch Island von der weltweiten **Finanzkrise** 2008 mit voller Wucht erfasst. Nach jahrelangen grenzenlosen öffentlichen Investitionen und privatem Konsum brach das System zusammen. Das Volk demonstrierte und erzwang **Neuwahlen**. So kam es 2009 zum Regierungswechsel. Die neue, europafreundliche Allianz schaffte es, die Finanzen zu konsolidieren, was ihr bei der darauffolgenden Parlamentswahl allerdings nicht gedankt wurde: Eine europaskeptische Koalition übernahm unter der links-grünen Ministerpräsidentin **Katrín Jakobsdóttir** Ende 2017 das Zepter.

Norwegische Wikinger kamen als Erste über das raue Meer, um sich dauerhaft auf der Insel anzusiedeln; hier mit Ingólfur Arnarson als ihrem Anführer.

WIE LEBTEN DIE WIKINGER?

Geleitet vom Wind und den Göttern

Als sie im 9. Jahrhundert von Norwegen oder den britischen Inseln auf ihren seetüchtigen Knörrs nach Island kamen, gab es für die Wikinger zunächst nichts als drangvolle Enge. Eine ganze Familie über mehrere Generationen, Gesinde, aber auch Haustiere, Gerät, Saatgut und vieles andere musste mitgeführt werden. Eine tagelange **Schiffstour** bei Wind und Wetter auf offenen Booten. Dann, als Island in Sicht kam, die Landung, aber wo? Die Götter sollen bestimmt und dem Schicksal seinen Lauf gegeben haben. Dort, wo die beim Anblick des neuen Landes von Bord geworfenen **Säulen eines Hochsitzes** angeschwemmt wurden, dort sollte man sich niederlassen. Wenn die Götter es so wollten, dann durfte es auch keinen Streit über die Wahl des Ortes geben. Es konnte lange dauern, ehe die Säulen gefunden waren … aber scheinbar sind die Neu-Isländer mit der unbekannten Situation im fremden Land weitgehend zurechtgekommen. Manchmal auch nicht, denn die Sagas berichten von gelegentlichen Konflikten, als nachfolgende Cousins oder Cousinen sich irgendwo breitmachen wollten, ohne die Götter oder Nachbarn zu befragen.

Aus landestypischen Materialien wie Stein, Grassoden, Schwemmholz und mitgeführtem Bauholz wurden **Wohnstätten** errichtet (→ S. 28). Das Vieh graste und hauste und fraß alles, was ihm vor die Schnauze kam. Bald schon war das Gebüsch, das die Insel zwischen Strand und Bergen bedeckt haben soll, am Ende. Doch die **Flüsse** quollen über vor Lachsen und Forellen, die **Fische des Meeres** waren ein Segen, Robben und gelegentlich auch Wale dienten als Zubrot und Eiderenten spendeten wärmende Daunen. Die mitgebrachten **Schafe, Ziegen und Rinder** vermehrten sich. Aus der Wolle konnten Segel für die Schiffe sowie Kleiderstoffe gewebt werden, die Milch wurde zu Molke und Skyr. Man baute sogar **Gerste** an, um hin und wieder ein ordentliches Bier zu brauen. Versorgungsmäßig sah also alles sehr gut aus, bis nur wenige Jahrhunderte später das Klima abzukühlen begann, ebenso wie die Beziehungen der Siedler untereinander.

Schlimmer noch waren katastrophale **Vulkanausbrüche** wie jener der Hekla im Jahr 1103, als eine dicke Bimsschicht weite und fruchtbare Ländereien bedeckte. Höfe mussten aufgegeben werden, die Wildweiden im Hochland waren teilweise vernichtet. Die Spannungen stiegen.

Ausgrabungen in Reykjavík haben die Grundmauern eines Langhauses freigelegt, das um 874 erbaut wurde. Im Tal Þjórsárdalur im Süden wurden in Stöng Reste eines Hofes gefunden, von dem das »**Landnahmebuch**« berichtet – ein Verzeichnis der Siedler und ihrer Ländereien. Dieser Hof war vom Ausbruch der Hekla im Jahr 1103 verschüttet worden. In Akureyri siedelte Helgi der Magere mit seiner Frau Þórunn. Auch deren ehemaliges Gebäude konnte geortet werden.

Manche moderne Isländer können ihre Abstammung bis auf die Landnehmer oder ihre Gefolgschaft zurückführen – wenn man nur lange genug an die alten Schriften und an kaum belegbare, mehr als tausendjährige Verbindungen glaubt …

VULKANISMUS

*Ohne Vulkanismus kein Island. Die Insel ist aus dem Meer
geboren, wo sich zwei Kontinentalplatten reiben. Sie stellt
ein einziges großes Freilichtmuseum der unterschiedlichsten
vulkanischen Erscheinungsformen dar.*

Auf Schritt und Tritt

Mal liegt ein Lavafeld rau und scharfkantig offen, mal zieht es
sich mit einer dicken, weichen Moosdecke dahin. Hier offen-
bart sich ein **Krater** in Karmesinrot, dort erscheint er in sattem
Schwarz. Einmal durchziehen tiefe **Spalten** eine Ebene, wie in
Þingvellir, anderswo erheben sich bizarre Formationen aus **er-
starrter Lava**, wie in Dimmuborgir am See Mývatn. Mal bebt
die Erde, ein andermal schießen siedende **Lavafontänen** am
Gletscherrand hervor, wie 2014 in Holuhraun am Nordrand
des Vatnajökull. Die Liste ließe sich auf der aktiven Vulkaninsel beliebig fortsetzen.

Vulkane auf der Intensivstation

Die aktivsten und vielleicht auch gefährlichsten Vulkane Islands sind unter Gletschereis verborgen: Grímsvötn im Gletscher **Vatnajökull**, **Katla** unter dem Mýrdalsjökull, ganz zu
schweigen vom Vulkan unter dem bekannten und unaus-
sprechlichen **Eyjafjallajökull**. Nicht weit davon entfernt liegt
der Spaltenvulkan **Hekla**, welcher ebenso wie die zuvor genannten und einige weitere unter einer Überwachung stehen,
die man mit »Intensivstation« umschreiben könnte. Hebungen
der Erdkruste, austretende Gase und seismische Aktivität
werden kontinuierlich registriert und ausgewertet, um einen
Ausbruch so begründet wie möglich vorhersagen zu können
– wissend, dass die Natur unberechenbar ist.

Doch wie lebt es sich angesichts des Risikos, der Unsicher-
heit? Wie geht ein Land, eine Gesellschaft mit einer schlum-
mernden Gefahr um? Die Antwort lautet: in erster Linie

In mehreren Eruptionsphasen brach 2010 der Vulkan Eyjafjallajökull aus und schleuderte etliche Millionen Kubikmeter Vulkanasche in die Atmosphäre.

gelassen. Neben der permanenten Beobachtung und Überwachung werden an bestimmten Orten wie Vík an der Südküste regelmäßig Katastrophenübungen durchgeführt. Es gibt Katastrophenpläne für den Fall der Fälle. Ansonsten: Kismet. Oder anders gesagt: Wie geht man mit dem Hochwasser des Rheins um, wie mit Sturmfluten an der Nordsee, wie mit schädlichen Hitzewellen? Eben …

Island und die Französische Revolution
Nicht immer war eine Prognose möglich. Als die **Hekla** im Jahr 1103 ausbrach, vernichtete die Asche fruchtbare Ländereien in Südisland, die sich nie mehr davon erholen sollten. Der Ausbruch des **Öræfajökull** im Jahr 1362 schickte Asche nachweislich über die ganze Insel und erstickte weite Landstriche. Der Ausbruch der **Laki-Spalte** im Jahr 1783 verteilte seine Asche über zwei Jahre lang bis weit nach Zentraleuropa und verursachte dort – wie in Island auch – Missernten und düsteres Wetter; es wird gesagt, dass der Ausbruch einer der Gründe der Französischen Revolution 1789 gewesen sein könnte.

Viðgelmir heißt eine der größten Lavahöhlen ihrer Art weltweit. Auf einer geführten Tour kann man das faszinierende Innere bestaunen.

Im Innern des Vulkans

Hinein ins dunkle Vergnügen beziehungsweise in den Vulkan Þríhnjúkagígur kann man sich auf der Halbinsel Reykjanes begeben, wo ein Lift senkrecht in die Tiefe der gewaltigen **Lavahöhle von Þríhnjúkar** (www.insidethevolcano.com) führt. Im gigantischen Lavafeld Hallmundarhraun, das weitgehend aus glatter Pahoehoe-Lava besteht und im Vorfeld des westlichen Langjökull liegt, befinden sich die begehbaren Höhlen **Viðgelmir** (→ S. 100) und **Surtshellir**. Eine komplette Begehung von Surtshellir mit den drei Öffnungen in der Decke bis hinunter zum Eissee mit den frostigen Stalaktiten und Stalagmiten dauert gut und gerne bis zu zwei Stunden, und es ist wirklich finster dort. Taschenlampe erforderlich, Handschuhe unverzichtbar, weil das Lavagestein in der Tiefe nicht verwittert und so scharfkantig ist wie am ersten Tag. **Raufarhólshellir** (www.thelavatunnel.is) nördlich der Gemeinde Þorlákshöfn an der Südküste Islands ist gut erschlossen und vermittelt einen Eindruck aus der Tiefe eines Lavafeldes.

Am Kraterrand

Recht einfach gestaltet sich eine Besteigung des Kraters **Grábrók** (→ S. 106) an der Ringstraße nach Norden, nahe Bifröst in Westisland. Auch der Explosionskrater **Hverfjall** beim See Mývatn (→ S. 132) in Nordisland ist relativ leicht zu besteigen, hat man den Weg dorthin erst mal überstanden. Eine Umrundung des Kraters oben auf der Kante erfordert gut eine Stunde Zeit. Der Vulkan **Helgafell** auf der Insel Heimaey der Westmänner-Inselgruppe (→ S. 172) ist gut zu bewältigen und eröffnet einen schönen Blick über das gleichnamige Städtchen. Zuletzt lässt es sich in einem Kratersee baden: **Víti**, dt.»Hölle«, heißt ein warmer Kratersee des Vulkans Askja im isländischen Hochland, einer umfangreichen Kaldera aus dem Jahr 1875. Bequemer zu erreichen ist der Kratersee **Kerið** in Südisland, denn er liegt südlich des Þingvallavatn an der Route des Golden Circle. Nur ist er kalt, und Schwimmen ist dort nicht erlaubt, weil in Privatbesitz.

Dramatische Form

Eine besondere Ausprägung des Vulkanismus ist **Säulenbasalt**, der sich bei Eruptionen unter dem Eis langsam bildet und meist sechskantig auskristallisiert. Der Lauf der Jahrtausende legt die Basalsäulen bloß, und nun begeistern sie durch die Schönheit ihrer geometrischen Form. Gute Beispiele finden sich in Südisland bei Kirkjubæjarklaustur, hinter dem Wasserfall **Svartifoss** im Nationalpark Skaftafell, sowie bei **Dverghamrar** (→ S. 167), außerdem auf der Halbinsel Snæfellsnes bei **Gerðuberg** (wo gelegentlich Free Climber ihr Können an den Säulen testen), bei **Kálfshamarsvík** am Arctic Coast Way, nördlich von Skagaströnd, bei **Hofsós**, aber auch in **Stuðlagil** in Jökuldalur, Ostisland, oder am Wasserfall **Aldeyjarfoss** in Nordostisland, um nur einige zu nennen. Nicht zuletzt inspirierten die Basaltsäulen den Architekten der Hallgrímskirkja in Reykjavík, wie sich leicht erkennen lässt.

Weitergehende Einblicke und Erläuterungen bieten die zahlreichen Museen und Zentren, die sich mit Vulkanismus befassen (→ S. 50).

Der Segen des erdwarmen Wassers

Sehr wahrscheinlich wäre Island ohne das naturwarme, heiße Wasser unbewohnbar. Zwar gibt es ausreichend Möglichkeiten, Strom zu erzeugen, doch gehen Kraftwerkbau und Reservoirs erheblich zu Lasten der Umwelt. Ohne heißes Wasser müsste mit Öl geheizt werden wie in der ersten Hälfte des letzten Jahrhunderts. Nur zögernd löste Elektrizität das Öl ab, während **Erdwärme** erstmals 1885 in einem Privathaus in Seyðisfjördur eingesetzt wurde. Es sollte noch Jahrzehnte dauern, bis Straßenzüge von Reykjavík mit den entsprechenden Leitungsrohren versehen wurden, um **Thermalwasser** direkt in die Häuser zu leiten. Heute ist die Heizung mit Thermalwasser auf dem raschen Vormarsch, auch in entlegenen Tälern; **89 Prozent** der Haushalte sind damit versorgt.

> Islands Bäder und Hot Pots sind gesellige Treffpunkte, an denen Neuigkeiten ausgetauscht und Tagesthemen diskutiert werden.

Aus der **Landwirtschaft** ist Thermalenergie nicht wegzudenken, im Gegenteil: Der Sektor Gemüse-, Obst- und Blumenanbau mit seinen Treibhäusern basiert darauf. Das haben auch gelegentliche, illegale Cannabiszüchter spitzgekriegt …

Vielerorts fließt das **Überschusswasser** ungenutzt ab. Aber in Reykjavík kam man auf die pfiffige Idee, es zum Beheizen von Gehwegen oder Parkplätzen zu nutzen. In der Regel reicht die Maßnahme aus, diese Stellen im Winter eisfrei zu halten.

So kann man nach einem gemütlichen Einkaufsbummel einen Schwimmbadbesuch anschließen und in die komfortablen, warmen und Vitalität spendenden Fluten eintauchen. Jede Kommune verfügt über ihr Schwimmbad in einem Land, in dem Schwimmunterricht Pflicht ist. Die ganzjährig geöffneten Badeanlagen sind ergänzt durch heiße Sitzbecken, **Hot Pots** genannt. Meist handelt es sich um Freibäder. Sollten sie nach einem kalten Sturm ausgekühlt sein, dreht man den Heißwasserhahn einfach weiter auf.

Natur macht erfinderisch: Nicht nur in der Lagune am Mývatn (s. S. 136) werden die natürlichen Gegebenheiten genutzt, um ein entspannendes Bad zu bereiten.

Immer beliebter werden neue **Designerschwimmbäder** direkt am Meer. Dazu zählen Guðlaug am Strand von Akranes, das Bad in Hofsós im Nordwesten, GeoSea bei Húsavík und natürlich Nauthólsvík in Reykjavík, die künstlich geschaffene, warme Badebucht. Geplant sind Wellness-Bäder im Laugardalur und am alten Hafen von Reykjavík. Nicht am Meer, aber auf einem See bei Egilsstaðir befindet sich das schwimmende Bad Vök, ein weiteres, Krauma, nahe der heißen Quelle Deildartunguhver im Westen. Sie alle verbindet, neben der Pflege der Gesundheit auch als Treffpunkt zu dienen, wo man Neuigkeiten austauschen oder über Tagesthemen diskutieren kann, wenn die Kneipen noch geschlossen sind. Eine angenehmere Verwendung der Thermalenergie ist kaum denkbar.

Sarkastisch notierte der große Halldór Laxness einst das Elend seiner Landsleute, die angeblich während ihrer siebenhundertjährigen Unterdrückung nicht baden mochten und doch weltweit das meiste warme Wasser ihr Eigen nennen können. Diese Zeiten sind definitiv vorbei.

ARCHITEKTUR

Vom Pragmatismus über konfettibunte Häuser zum Glasbau Harpa. Die noch bis ins 20. Jahrhundert vorwiegend bäuerliche Gesellschaft brachte keine großen Prunk- und Repräsentationsgebäude hervor, aber sie setzte vorhandene Baumaterialien überaus geschickt ein.

Holz, Grassoden und eine Feuerstelle in der Mitte

Wie überliefert ist, brachten die ersten Siedler im 9. Jahrhundert nicht nur Familie und Gesinde, sondern auch Haustiere, Holz und Werkzeuge zum Hausbau mit. Die ersten Bauten in Island, aber auch in Neufundland und in Grönland (Narsaq, Brattahlíð/Qassiarsuk), errichteten sie als **Langhäuser**. Hypothetische Langhaus-Rekonstruktionen finden sich in Island in Eiríksstaðir, Westisland, sowie in Stöng, Südisland.

Das traditionelle Langhaus bestand aus Holz und war in der Regel innen getäfelt, mit einem Feuerplatz in der Mitte. Die **Schlafplätze** waren längsseits angeordnet. Außerdem gab es **Arbeitsplätze** für die aufrecht stehenden Webstühle der Frauen. **Küche**, **Vorratsraum** und **Abstellraum** befanden sich an den jeweiligen Enden des Hauses. Zum Schutz vor Kälte und als Wärmedämmung wurden die Gebäude von außen sowie auf dem mit Steinplatten gedeckten Dach mit Torf belegt.

So lange es seetüchtige Schiffe in Island gab, also bis ins 13. und 14. Jahrhundert, blieb man bei dieser Bauweise. Die Vatnsdæla Saga berichtet von Ingimundur dem Alten, der im Tausch gegen zwei in Island eingefangene Eisbären ein ganzes Schiff mit voller Holzladung vom norwegischen König erhielt. Er wird das Holz für sein Langhaus gebraucht haben.

Not macht erfinderisch

Doch mit der norwegisch-dänischen Vorherrschaft verarmte Island; die Schiffe verfielen. Die Bauweise musste angepasst werden. Die Behausungen wurden kleiner. Getrennte Arbeits-

Ein kleines rekonstruiertes Langhaus in Eiríksstaðir (s. S. 107) vermittelt einen Eindruck davon, wie die ersten Siedler vor 1000 Jahren gelebt haben.

und Wohnbereiche wurden in separaten »Reihenhäusern« untergebracht, den **Giebelhäusern**. Für das Gebälk musste man sich jetzt ganz auf **Treib- und Schwemmholz** stützen; nach wie vor wurden Dächer und Außenwände mit Torf und Grassoden isoliert. Die Giebel der Vorderseite bestanden aus Holz. Die Holz-Grassoden-Bauweise passte sich den vorhandenen Materialien und der Landschaft an und bestimmte mehrere Jahrhunderte lang das Wohnen und Arbeiten. Doch sind die Gebäude aus Naturmaterialien, bis ins frühe 20. Jahrhundert verbreitet, keineswegs dauerhaft – nach etwa 30 Jahren mussten die Gebäude runderneuert werden; sie wurden leck, feucht und im Grunde oft auch ungesund. Vertreter dieser typisch isländischen Architektur finden sich heute noch in mehreren Freilichtmuseen. Ein schönes Beispiel für einen Kirchenbau ist die Víðimýrarkirkja bei Varmahlíð im Nordwesten.

Besser und haltbarer gebaut waren die **Handelshäuser** der dänischen Kaufleute in massiver **Blockbauweise** aus dem 18. Jahrhundert, wie sie unter anderem in Hofsós, Nordwest-Island, oder in Ísafjörður stehen.

Früher schwarz, heute konfettibunt

Mit der Lockerung des Handelsmonopols und einer neu ent-
standenen Schicht von Handwerkern im 19. Jahrhundert, aber
auch mit der Gründung von Ortschaften klang die Epoche bit-
terster Armut allmählich aus, was deutlichen Einfluss auf die
Bauweise hatte. Wer es sich leisten konnte, bestellte ein »**Kata-
loghaus**« aus Norwegen, aus vorgefertigten Teilen und bis auf
das Fundament gänzlich aus Holz.

Um die Gebäude – Wohnhäuser wie Kirchen – vor dem
rauen Klima zu schützen, wurden sie **geteert**; ein Beispiel dafür ist die kleine, schwarze Kirche nahe dem Meer bei Búðir,
Snæfellsnes. Später ging man zu bunten Farben über oder verkleidete die Häuser mit **Wellblech** als Wetterschutz und strich
dieses. Das Dorf Eyrarbakki an der Südküste sowie Seyðisfjörður in Ostisland sind neben der Altstadt von Reykjavík
schmucke Vertreter dieser Bauweise.

Kaum Erfahrung mit Stein

Die wenigen historischen **Steinbauten** Islands aus dem 17. bis
ins 19. Jahrhundert sind schnell aufgezählt. Darunter nimmt
die im Jahr 1763 vom deutschen Architekten Sabinsky erbaute, schlichte **Domkirche** zu Hólar in Nordisland als älteste
Steinkirche Islands, bestehend aus rotem, lokal gebrochenem
Sandstein, eine Sonderstellung ein. Weitere Steinhäuser sind
Nesstofa auf der Halbinsel Seltjarnarnes am westlichen Rand
des Hauptstadtgebietes, das als Sitz des Landesarztes für Island zwischen 1761 und 1763 erbaut wurde und heute ein me-
dizinisches Museum beherbergt, sowie **Víðeyjarstofa** aus dem
Jahr 1755 auf der Reykjavík vorgelagerten Insel Víðey, welche
als Sitz des Landvogtes diente.

Betonzeitalter

Das älteste erhaltene und heute unter Denkmalschutz stehen-
de **Betonwohnhaus** steht abseits der Ringstraße nach Norden,
im Tal Norðurárdalur, und heißt **Sveinatunga**, erbaut 1895.
Das Material musste auf Lastpferden aus Borgarnes, rund 55
Kilometer entfernt, herbeigeschafft werden.

Dass Beton sich allen möglichen Formen fügt, hatte Le Corbusier bereits eindrücklich bewiesen. Aber auch in Island begannen Architekten, mit diesem Werkstoff zu experimentieren. Einzigartig ist die große, über der Altstadt von Reykjavík thronende Kirche **Hallgrímskirkja** des Staatsarchitekten Guðjón Samúelsson. Bereits 1945 wurde mit dem Bau der 1200 Menschen fassenden Kirche begonnen, erst 1986 wurde er abgeschlossen. Mit ihrem 74 Meter hohen Turm ist sie eine unübersehbare Landmarke. Bemerkenswert ist die gewaltige viermanualige Orgel, die größte Islands, errichtet vom deutschen Orgelbauer Klais, Bonn. Ein weiteres schönes Beispiel der Betonarchitektur ist die im Jahr 1990 eingeweihte **Kirche in Stykkishólmur**. Weithin sichtbar am Meer platziert, setzt der schneeweiße Sakralbau einen Akzent in die karge Landschaft.

Glas, Glas, Glas

Ein Meisterwerk der Glasbaukunst ist das Konzert- und Konferenzgebäude **Harpa** (Harfe) am alten Hafen von Reykjavík, eröffnet im Jahr 2011. In zwei versetzten, bis zu 43 Meter hohen Körpern mit schrägen Kanten befinden sich dort neben einer Konzerthalle mit 1800 Plätzen drei weitere Konzertsäle und ein Konferenzzentrum. Der Entwurf stammt von der dänischen Architektenfirma Henning Larsen Architects und dem isländischen Architektenteam Batteríið Architects. Die Fassade aus Spezialglas, das je nach Tageszeit unterschiedliche Licht- und Farbeffekte spiegelt, geht auf den Künstler Ólafur Elíasson zurück. 2013 wurde Harpa mit dem renommierten Mies-van-der-Rohe-Preis ausgezeichnet.

Ein weiteres Wahrzeichen von Reykjavík ist **Perlan**, die Perle, auf dem Hügel Öskjuhlíð. Ihre Glaskuppel thront auf den Heißwasserspeichern der Stadt; der Entwurf stammt vom Architekten Ingimundur Sveinsson.

Nicht zuletzt soll das in runder Form errichtete Kulturzentrum **Menningarhúsið Hof** in Akureyri erwähnt werden – nicht wegen des Glases, sondern wegen seiner leichten und heiteren Architektur. Das 2010 eingeweihte Gebäude stammt vom Architekturbüro Arkþing, das Design von Reynir Sýrusson.

LITERATUR

Nirgendwo sonst werden so viele Bücher pro Kopf geschrieben, gelesen und verkauft wie in Island. Von den mittelalterlichen Sagas über Romane und Lyrik bis hin zu den boomenden Island-Krimis: Die Kultur des Landes definiert sich wesentlich über seine Literatur.

Kleines Land, große Literatur

Auf diese einfache Formel lässt sich die isländische Schreib- und Lesekultur bringen. Mit der Verleihung des Literaturnobelpreises (1955) an **Halldór Kiljan Laxness** machte Island international auf seine moderne Literatur aufmerksam, die zuvor schon durch die Erzählungen von Gunnar Gunnarsson und Kristmann Guðmundsson, nicht zuletzt aber durch Jón Sveinsson (Nonni) in Deutschland Verbreitung gefunden hatte.

Der Grundstein für den Ruhm isländischer Literatur wurde bereits im Mittelalter durch die Niederschrift der zuvor mündlich überlieferten **Sagas** und der »**Edda**« gelegt, die ab dem 13. Jahrhundert entstanden. Von bekannten Autoren im modernen Sinn kann in jener Zeit bis auf eine Ausnahme, den Gelehrten und Politiker Snorri Sturluson, keine Rede sein – ihm wird unter anderem die »Lieder-Edda« zugeschrieben. So wird immer wieder diskutiert, wer wohl der Autor der großartigen Saga vom weisen Njáll sein könnte – oder war es gar eine Autorin, die den Gänsekiel führte? Die Sagas fassen die Geschichte von Geschlechtern, Helden und Versagern in knapper und oft auch poetischer Sprache zusammen. Nur Gefühle werden weitgehend ausgeklammert – diese muss die Leserschaft sich selbst ausmalen. Eine andere Gattung der frühen, isländischen Literatur sind die **Berichte über Könige und Herrscher**, wie die »Heimskringla«; sie wurde um das Jahr 1230 von Snorri Sturluson niedergeschrieben und basiert auf realen Ereignissen, während die einschlägige Forschung den Familiensagas nur einen untergeordneten Wahrheitsgehalt zubilligt.

Die »Snorra-Edda« von Snorri Sturluson enthält altnordische Mythen und Geschichten, eine historische Quelle von unschätzbarem Wert.

Von Klöstern zur Romantik

Pergament aus Kalbshäuten war teuer. Schriftkundige befanden sich fast ausschließlich im Dienst der Kirche. Und so fiel es auch in Island, das vom Jahr 1000 bis 1550 katholisch war, den reichen mittelalterlichen Klöstern zu, **Handschriften** weltlichen und sakralen Inhaltes zu fertigen und zu bewahren. Auch die erste Druckerpresse fand um 1535 ihren Standort nicht an weltlicher Stelle, sondern am nordisländischen Bischofssitz zu Hólar. Das Volk jedoch war arm und hatte mit vielen unterschiedlichen Katastrophen zu kämpfen. Schreiben und Lesen zählte im arbeitsreichen Alltag nicht unbedingt zu den wichtigsten Tätigkeiten, und Bücher oder Schreibzeug waren extrem rar. Doch durch das Rezitieren von Reimen, Gebeten und Sagas aus dem Gedächtnis, so wird gern behauptet, habe man sich auf die »gute, alte Zeit«, das Goldene Zeitalter, besonnen und sich daran aufgerichtet und gebildet.

Beeinflusst von der Romantik im 19. Jahrhundert setzte schließlich eine neue literarische Phase ein. **Moderne Romane** entstanden, die das Leben bäuerlicher Charaktere idealisierten und sich höchster Beliebtheit erfreuten.

Die Freude bei Halldór Kiljan Laxness war groß, als er von seiner Auszeichnung mit dem Nobelpreis für Literatur 1955 erfuhr.

Ein Nobelpreis für Island

Eine deutliche Zäsur und den eigentlichen Neubeginn isländischer Literatur markiert wie kein anderer der Schriftsteller **Halldór Kiljan Laxness** (1902–1998). Er hinterließ ein umfangreiches Œuvre an Romanen, Theaterstücken, Hörspielen, Aufsätzen und Essays. Im Jahr 1955 erhielt er den Literaturnobelpreis »für seine lebendige, facettenreiche Romanliteratur, mit der er die große isländische Erzählkunst erneuerte«. Zwei seiner bekanntesten Werke sind »Sein eigener Herr«, eine Auseinandersetzung mit dem harten, aber auch für Veränderungen blinden Überlebenskampf auf der Insel, sowie »Die Islandglocke«, die Geschichten eines Sprachgelehrten und eines Bauern um 1700, die kunstvoll miteinander verwoben sind und viel von der isländischen Gesellschaft und Identität einfangen. Mehrere seiner Romane, darunter »Atomstation«, wurden verfilmt. Im Ausland sah man Laxness lange als Synonym für die moderne isländische Literatur – keine leichte Bürde für die Generation junger Schriftsteller, die damals mit ihren Werken und teils ganz anderer Thematik an die Öffentlichkeit drängten. Sie stoßen gerade in Deutschland seit

2011, als Island als Gastland der Frankfurter Buchmesse fungierte, auf große Beachtung, nicht zuletzt dank einer Riege ausgezeichneter Übersetzerinnen und Übersetzer.

Verrückt nach Krimis und Lebensgeschichten

Seit den 1990er-Jahren ist eine Reihe isländischer Autoren mit **Kriminalromanen** auch international sehr erfolgreich. Hier markiert Arnaldur Indriðason den Beginn; er schuf die Figur des melancholischen, problemgeplagten und wenig charismatischen Kommissars Erlendur Sveinsson, der düstere Fälle aufzuklären hat, die wie etwa in seinem mehrfach ausgezeichneten Roman »Nordermoor« weit in der Vergangenheit wurzeln. Andere erfolgreiche Autoren des Genres sind Yrsa Sigurðardóttir, Stella Blómkvist (ein Pseudonym, hinter dem hie und da landesbekannte Persönlichkeiten vermutet werden, bis hin zum ehemaligen, auch als Schriftsteller hervorgetretenen Premierminister Davíð Oddsson) oder Viktor Arnar Ingólfsson.

Insgesamt befassen sich isländische Autoren jedoch mit der ganzen Bandbreite und Vielfalt des menschlichen Daseins. Im Land besonders beliebt sind **Biografien** oder **Autobiografien**, die sich zu jeder vorweihnachtlichen Buchsaison als nationale Bestseller erweisen. Sie dienen in einem kleinen Land, wo man sich untereinander irgendwie kennt, hin und wieder als eine Art Sippenchronik. Als Meisterin der »problematischen Liebe« gilt Steinunn Sigurðardóttir mit ihren humorgewürzten Romanen »Herzort«, »Der Zeitdieb« oder »Jojo«. Daneben widmet sich die Autorin auch Biografien: Sie beschrieb die ehemalige Präsidentin Islands, Vigdís Finnbogadóttir, und die Bäuerin Heiða (»Heiðas Traum – eine Schäferin auf Island kämpft für die Natur«). Zudem ist sie für ihre Lyrik bekannt. Kristín Marja Baldursdóttir wiederum schildert in ihrem historischen Roman »Die Eismalerin« das schwierige Leben einer künstlerisch ambitionierten, aber armen jungen Frau um 1900. Ingibjörg Hjartardóttir schließlich beschreibt in »Die dritte Bitte« und »Der Zuhörer« deutsch-isländische Themen. Sie ist in Island außerdem als Bühnenautorin, Lyrikerin und Übersetzerin bekannt.

Von schwierigen Beziehungen im Kleinen wie im Großen
Zu den im In- und Ausland bekannten isländischen Autoren zählt auch der 1955 geborene Einar Kárason, der mit seiner teils deftigen »Barackentrilogie« große Erfolge feierte. »Die Teufelsinsel«, »Die Goldinsel« und »Das Gelobte Land« sind auf der düsteren Seite Reykjavíks im proletarischen Nachkriegsmilieu angesiedelt. Der erste Band wurde in Island erfolgreich verfilmt. Einar Kárason hat sich in den letzten zehn Jahren der **Geschichte Islands** zugewandt, wo er in großem Bogen die Fehden führender Sippen, die letztendlich in den Verlust der Selbstständigkeit Islands im 13. Jahrhundert mündeten, episch in mehreren Bänden beschreibt. Hier entfaltet Einar Kárason seine gesamte Sprachgewalt.

Ein Zeitgenosse von Kárason ist Einar Már Guðmundsson mit »Fußspuren am Himmel«, einer keineswegs heiteren Familiengeschichte, in der immer wieder der typische Humor des Autors hervorblitzt. Zu einem großen Erfolg wurde sein Roman »Engel des Universums«, vom Regisseur Friðrík Þór Friðriksson mit dem begnadeten Ingvar E. Sigurðsson in der Hauptrolle unter dem gleichen Titel verfilmt. Guðmundsson, der seine Karriere als Schüler mit selbst verlegter **Lyrik** begann, zählt heute zu den wichtigen Lyrikern und Romanautoren Islands. Übrigens: Isländische Lyrikbände haben bei Auktionen schon mal bis zu umgerechnet 1500 Euro eingebracht. Es könnte sich also langfristig lohnen, schon als Schüler progressive Lyrikbändchen zu verfassen.

Nicht zuletzt soll auf zwei **Vertreter der jüngeren Generation** hingewiesen werden. Guðrún Eva Mínervudóttirs bisher wichtigstes Werk in deutscher Sprache trägt den Titel »Der Schöpfer« und handelt von Ereignissen, die durch lebensgroße Sexpuppen aus Silikon hervorgerufen werden. Huldar Breiðfjörd, der auch als Drehbuchautor hervorgetreten ist, verfasste skurrile Werke wie »Liebe Isländer« und »Schafe im Schnee« in der Übersetzung von Gisa Marehn.

Große und kleine Verlage haben sich im deutschsprachigen Raum isländischer Literatur angenommen. Es lohnt sich also, nach isländischen Neuerscheinungen Ausschau zu halten.

Sjón – der Allrounder

Luftgitarrenvirtuose, Roman- und Bühnenautor, Songtexter, Musiker, Lyriker, Oscar-Nominierter, Literaturpreisträger, Gastprofessor – all das vereint der 1962 in Reykjavík geborene Sjón, mit bürgerlichem Namen Sigurjón Birgir Sigurðsson.

Zusammen mit der weltbekannten Musikerin Björk und dem dänischen Regisseur Lars von Trier wurde Sjón 2001 für einen **Oscar** in der Kategorie »Bester Song« nominiert, und zwar für »I've seen it all« aus dem Film »Dancer in the Dark« mit Björk in der Hauptrolle. Für seinen Roman »Skugga-Baldur« (dt. »Schattenfuchs« in der Übersetzung von Betty Wahl) wurde er 2005 mit dem **Literaturpreis des Nordischen Rates** ausgezeichnet. *Skuggabaldur* ist ein isländisches Fabelwesen, halb Katze und halb Fuchs, ein Wesen zwischen den Welten. Und das sind auch die Hauptfiguren des im Island des 19. Jahrhunderts spielenden Romans – sie bewegen sich in Bereichen, die von der Gesellschaft kritisch betrachtet werden, wenngleich sie harmlos sind, wie die leidenschaftliche Fuchsjagd eines Pastors oder der inbrünstige (aber, wie betont wird, niemals richtig klingende) Gesang einer geistig Behinderten in der Kirche, wofür sie vom Gottesdienst ausgeschlossen wird. Mit jenem Entscheid des jagdfreudigen Pastors handelt dieser sich die Ungnade eines seiner Schäflein ein, eines Botanikers, der die behinderte Sängerin in einem verheerenden Zustand auf einem vor Island gestrandeten Schiff aufgefunden und unter seine Fittiche genommen hatte. Diese unaufgeregt erzählte Novelle verwebt Volksglaube, Vorurteile einerseits und Toleranz andererseits mit dem Zauber der isländischen Landschaft und weckt Mitgefühl, aber auch viele Fragen.

Sjón lebte und arbeitete in den Niederlanden, in London und in Deutschland, wo er 2007 an der Freien Universität Berlin eine Gastprofessur für Literatur am Institut für Allgemeine und Vergleichende Literaturwissenschaften innehatte. Inzwischen lebt er wieder in Island.

WINTERZAUBER

Es lassen sich viele Gründe aufzählen, warum es sich lohnt, auch im Winter nach Island zu reisen. Die Schönheit gefrorener Wasserfälle, des Sternenhimmels und der Nordlichter, die Weite der Schneelandschaft werden begeistern.

Der Dunkelheit den Zahn ziehen
Schon im November wird in Island damit begonnen, Wohnungen und Straßen mit bunten Lichtern zu erhellen. Dabei wird nicht an Strom gespart. An Silvester werden sowohl in Reykjavík als auch in vielen Gemeinden auf dem Land abends riesige Feuer entfacht, die **Áramótabrenna**, ergänzt durch das prachtvolle Feuerwerk um Mitternacht. Wer sich dann in der Hauptstadt befindet, sollte in den hoch gelegenen Stadtteil Breiðholt gehen und das Spektakel mit Aussicht auf die Bucht Faxaflói genießen.

Gut vorbereitet in die Festtage
Vielerorts im Land werden **Weihnachtsmärkte** abgehalten. Sie richten sich mehr oder weniger an die Landeskinder und werden kaum touristisch beworben. Doch bei Eingabe des Suchbegriffs »jólamarkaður« in eine Suchmaschine erscheint eine Reihe von Ergebnissen, die alle lohnen. Aber wie gesagt, dies ist eine Art Geheimtipp, weil die Infos in aller Regel nur auf Isländisch erscheinen. Mit Fantasie und einer Übersetzungs-App wird man bestimmt fündig. Nur auf Glühwein muss man verzichten, denn Ausschanklizenzen sind teuer und umständlich zu erwerben.

Seit alter Zeit Brauch und fester Bestandteil der Weihnachtsvorbereitungen ist das **Weihnachtsbad** an Heiligabend. Island hat schließlich genug Thermalwasser. Viele Schwimmbäder des Landes bieten am 24. Dezember vormittags ein kostenloses Bad an. Da finden sich dann Kind und Kegel ein, ehe es an die weiteren Festvorbereitungen geht. Doch die Schwimmbäder sind den ganzen Winter geöffnet, nicht nur an

Ein magisches Schauspiel sind die Polarlichter, die in verschiedenen Formen, von Bogen über Bänder bis zu Schleiern, beobachtet werden können.

diesem einen Tag. Wer in der aufkommenden Dämmerung eines kalten Wintertages im Hot Pot sitzend die Morgenröte erlebt, hat eine perfekte Basis für den Tag gelegt.

Der winterliche Höhepunkt

Die Sommerhimmel über Island sind weit und hell, es gibt keine Sterne, und der Mond ist blass. Doch im Winter, wenn die Sonne tagsüber niedrig steht, strahlen in klaren Nächten **Myriaden von Sternen**, manchmal durchzogen von **Nordlichtern**. Meistens sehen Nordlichter bei der Betrachtung mit bloßem Auge bescheidener aus als diejenigen auf Fotografien. Das liegt daran, dass die Kamera mit der langen Belichtungszeit eine größere Bandbreite des Lichtspektrums einfangen kann als das menschliche Auge.

Ein Fest fürs Licht

Während der ersten Februarhälfte findet in allen Teilen des Hauptstadtgebiets die **Vetrarhátíð**, das Winter-Licht-Festival, mit einer langen Reihe an Veranstaltungen statt (www.vetrar hatid.is). Neben Galerien und Museen beteiligen sich Restaurants und sogar Schwimmbäder und der Haustierzoo.

FESTKALENDER

Januar/Februar
Þorrablót
Ein meist auf lokaler Basis begangenes Winterfest mit alten Wurzeln, bei dem die traditionellen, sauer eingelegten oder geräucherten sowie fermentierten Speisen im Mittelpunkt stehen. Ausgewählte Restaurants bieten diese Delikatessen während des alten Monats Þorri an.
Ende Januar bis Mitte Februar

Februar
Food & Fun, Reykjavík
Internationale und einheimische Küchenchefs interpretieren und servieren vorgegebene kulinarische Themen unter Verwendung frischer isländischer Zutaten. Fünf Tage stehen renommierte Köche dabei am Herd, am letzten Festivaltag wird ein Wettbewerb ausgetragen.
Ende Februar/Anfang März |
www.foodandfun.is

März
HönnunarMars –
DesignMarch, Reykjavík
Eine bunte Mischung aus Mode- und Schmuckdesign, Möbelkreationen und Architektur, aber auch Fooddesign und andere Themen stehen im Mittelpunkt dieses nationalen Festivals, ergänzt durch Workshops und Vorlesungen.
Ende März | www.designmarch.is

April
Sumardagurinn Fyrsti
Der erste Sommertag. Umzüge, Fähnchen und Softeis markieren den Beginn des isländischen Sommers mit dem einzigen offiziellen Feiertag, der weder religiöse noch politische Wurzeln hat.
3. Donnerstag im April

Juni
Sjómannadagur
In vielen Fischerdörfern ist der traditionelle Seemannstag das wichtigste Ereignis des Jahres, begangen im Gedenken an ertrunkene Seeleute. Auch im alten Hafen von Reykjavík finden zahlreiche Veranstaltungen statt.
1. Sonntag im Juni

Nationalfeiertag
Am Geburtstag des Freiheits- und Unabhängigkeitskämp-

fers Jón Sigurðsson wird mit farbenprächtigen Umzügen, festlichen Reden, Musik und Tanz auch die Gründung der Republik am 17. Juni 1944 und die Unabhängigkeit von Dänemark gefeiert. Fahnen und Wimpel schmücken das ganze Land.

17. Juni | www.17juni.is

Juli
Volksmusikfestival, Siglufjörður

Anspruchsvolles Programm von Mittwoch bis Sonntag, das unter internationaler Beteiligung neue mit alter sowie einheimische mit ausländischer Musik verbindet und jährlich unter einem besonderen Motto steht.

5 Tage Anfang Juli | www.siglofestival.com

August
Reykjavík Pride

Während der mehrtägigen Veranstaltung feiert die LGBTQ-Szene ihre bunte Vielfalt mit zahlreichen Aktionen, Konzerten, Partys und anderen Programmpunkten. Abschließender Höhepunkt ist die spektakuläre Parade durch Reykjavíks Zentrum.

Anfang August | www.gaypride.is

Menningarnótt, Reykjavík

Die »Kulturnacht« ist die populärste Kulturveranstaltung Islands. Tagsüber dominiert noch der Reykjavík-Marathon, ab dem Abend veranstalten Museen und andere Kultureinrichtungen ein buntes Programm, das auch Straßen und Plätze einbezieht.

Ende August | www.menningarnott.is

September
Réttir

Der Schaf- und Pferdeabtrieb im Herbst findet in fast allen Landesteilen statt (→ S. 42).

Anfang September bis Anfang Oktober

November
Iceland Airwaves, Reykjavík

Islands bekanntestes Musikfestival hat Kultstatus und fördert neue Bands und Interpreten aus dem In- und Ausland. Rund 30 Acts treten an unterschiedlichsten Veranstaltungsorten auf. Als erstes isländisches Musikevent wurde Iceland Airwaves 2020 für den NME Award (»New Musical Express«-Preis) für kleine Festivals nominiert.

Anfang November | www.icelandairwaves.is

Jedes Jahr im Herbst wiederholt sich das Spektakel des Schafabtriebs, bei dem die Tiere von den Bergen ins Tal getrieben werden. Besucher sind willkommen.

SCHAF- UND PFERDEABTRIEB

Tradition, Mühe, Geselligkeit und Spektakel

Auch heute noch sind Pferde beim jährlichen Schaf- und Pferdeabtrieb im Herbst unentbehrlich. Die sommerlang frei grasenden Schaf- und Pferdeherden mit ihren Lämmern und Fohlen verteilen sich in kleinen Grüppchen über die endlos scheinenden Hochweiden vor den Gletschern. Sie wieder einzusammeln und den Heimathöfen zuzuführen, ist eine Aktion von mehreren Tagen. Dabei arbeiten die regionalen Bauern nach **uralten Regeln und Methoden** Hand in Hand. Weil jegliches Fahrzeug außerhalb der vorhandenen Pisten (und die sind im isländischen Hochland rar) strengstens verboten ist, bleiben nur zwei Möglichkeiten, diese Arbeit zu bewältigen: zu Fuß gehen oder reiten. Mancher Landwirt unterhält ganzjährig eine kleine Pferdeherde, nur um im Herbst mit ihnen ins Hochland zu reiten, denn diese Aktion ist einer der Höhepunkte des Jahres.

Es gibt Jahre, in denen Nebel, Schnee oder Sturm zu äußerster Vorsicht aufrufen. Aber selten wird das arbeitsintensive und gut vorbereitete Ereignis vertagt. In leuchtende Farben gekleidet, bilden die Bauern eine Kette. Sie **reiten oder gehen in Rufweite**, unterstützt durch Funkgeräte oder Mobiltelefone, und treiben so die Tiere vom Gletscherrand bis hinunter in die Täler vor sich her. Am Ende, wenn man am langen Zaun angekommen ist, der die Allmende im Hochland von den Siedlungen trennt, ist eine Herde von mehreren Tausend Köpfen zusammengekommen. In den Tälern gibt es einen oder mehrere **Pferche**, wo die Tiere aussortiert werden. Zahlreiche Zaungäste finden sich ein, um interessiert das Geschehen zu verfolgen. Wer am Pferch Hunger oder Kälte verspürt, kann Leib und Seele an einem Büffet der Landfrauen mit Kaffee und Kuchen zusammenhalten. Später ziehen die einzelnen Herden dann ihrem jeweiligen **Heimathof** entgegen, nachdem sie einen langen, hellen Sommer in völliger Freiheit und ohne menschliche Einwirkung verbringen konnten – wie schon zu Zeiten der frühen Besiedlung Islands.

Dieses Ereignis lässt sich jährlich von Anfang September bis weit in den Oktober hinein in **fast allen Landesteilen** beobachten. Besonders spektakulär ist der Anblick der riesigen, mehrere Hundert Köpfe zählenden Pferdeherden, wie beispielsweise Anfang Oktober in Víðidalstungurétt, Nordwestisland, oder in Skrapatungurétt, ebenfalls in dieser Region. Begleitet von Hütehunden und reitenden Treibern findet sich ein langer Zug von bunten Pferden am Pferch ein. Nach der Freiheit des Sommers sind die Pferde scheu, und es erfordert viel Einfühlungsvermögen und Kenntnis, sie zu trennen und richtig zuzuordnen. Gekennzeichnet sind sie durch Chips oder Markierungen in den Ohren, doch die Farbvielfalt und Fellmuster macht es den Besitzern in der Regel leicht, die eigenen Pferde ohne Hilfsmittel zu erkennen.

Wenn jedes einzelne Tier unter Dach und Fach, oder besser gesagt auf der heimatlichen Weide angekommen ist, findet ein rauschendes **Fest** statt, das erst spät am Abend beginnt und bis in den frühen Morgen andauert.

KUNST UND KULTUR

*Eine vitale, vielschichtige Kunstszene setzt ein aufge-
schlossenes Bürgertum, Mäzene, Akademien und berufene
Kritiker voraus. Vom Ende des 13. Jahrhunderts bis ins
19. Jahrhundert hinein gab es in Island nichts davon.*

Spätzünder bildende Kunst
Erste bildnerische Darstellungen ab der Mitte des 19. Jahrhunderts, die sich von Vorlagen der Volkskunst lösten, themati-
sierten Landschaft, Stillleben oder Akte. Die Künstler studier-
ten im Ausland. Vom Expressionismus, Impressionismus und
Kubismus beeinflusst, gilt **Jóhannes Kjarval** (1885–1972) als
Vorreiter der isländischen Malerei; ihm ist in Reykjavík das
Kunstmuseum Kjarvalsstaðir gewidmet. Auch die Weltbürge-
rin **Louisa Matthíasdóttir** (1917–2000) verschrieb sich dem
Expressionismus. **Nína Tryggvadóttir** (1913–1968) widmete
sich abstrakten Illustrationen, aber auch Mosaiken, beispielsweise in Skálholt, Südisland. Vor allem als Bildhauerin wirkte
Gerður Helgadóttir (1928–1975). Eine Werkschau befindet
sich im Gerðarsafn in Kópavogur; sie gestaltete Kirchenfenster
in Skálholt, Saurbær (Hvalfjörður) oder in der modernen Kirche in Kópavogur sowie das große Mosaik am Zollamt in
Reykjavík, Tryggvagata. Skulpturen von **Einar Jónsson** (1874–
1954) prägen nicht nur den Skulpturengarten nahe der Hallgrímskirkja, sondern finden sich auch im Stadtbild von Reykjavík und Akureyri. Unter den herausragenden Zeitgenossen
seien drei genannt: **Ólafur Elíasson** (geb. 1967) mit Installationen, Lichtskulpturen und Umweltwerken. **Ragnar Kjartans-
son** (geb. 1976) vertrat Island bei der Biennale in Venedig mit
Performance und Installationen; im Stadtteil Breiðholt (Reykjavík) gestaltete er eine riesige Giebelwand in der Krumma-
hólar als Karikatur. **Svava Björnsdóttir** (geb. 1952) verarbeitet
Styropor, Papier und Pappmaché zu Skulpturen, die unter anderem in der Nationalgalerie Islands zu sehen sind.

Große Architektur bildet den Rahmen für große Konzerte und andere Veranstaltungen. Die Harpa (s. S. 69) wurde sogar mit einem Architekturpreis geehrt.

Nachzügler Musik

Auch Musik und Tanz erwachten nur langsam. Nach der Reformation unterbanden protestantische Eiferer den Kettentanz »Vikivaki« sowie Gesang, ausgenommen Kirchenlieder.

Mit dem Komponisten **Jón Leifs** (1899–1968), seinem Orchesterwerk und seinen Oratorien, setzte die klassische Musik in Island in den 1930er-Jahren ein. Viele seiner Stücke wurden in Deutschland unter seiner Dirigentschaft uraufgeführt. **Atli Heimir Sveinsson** (1938–2019) komponierte Sinfonien, Theatermusik und Lieder; er studierte unter anderem in Köln bei Stockhausen. Die Komponistin **Jórunn Víðar** (1918–2017) gilt als Pionierin isländischer Ballet- und Filmmusik und konzentrierte sich stark auf Volkslieder. Der Pianist **Víkingur Heiðar Ólafsson** (geb. 1984) tritt weltweit auf und veröffentlicht zum Beispiel bei der Deutsche Grammophon. **Chorgesang** wird in Island ganz großgeschrieben. Als gutes Beispiel dient der Motettenchor der Hallgrímskirkja. Auf dem **Rock- und Popsektor** haben sich viele isländische Bands und Solisten international einen Namen gemacht und touren um den ganzen Globus. Mehr dazu ist im Rockmuseum in Keflavík zu erfahren.

Wenn es dramatisch und überwältigend sein soll, bietet Island reichlich geeignete Schauplätze für bildgewaltige Film- und Fernsehproduktionen.

FILMLAND ISLAND

Kvikmynd – das bewegte Bild

Kvikmynd, das bewegte Bild, ist der isländische Begriff für Spielfilm. Diese Definition mag seltsam antiquiert klingen, doch auf dem **Spielfilm-Sektor** hat Island heute die Nase weit vorn. Bekannte Regisseure wie Friðrík Þór Friðríksson (sein langsam erzählter, liebenswerter Film über zwei aus dem Altersheim entsprungene Senioren, »Children of Nature«, brachte ihm 1992 eine Oscar-Nominierung ein), Baltasar Kormákur (mit Kinofilmen wie »Everest«, »The Deep« und Fernsehserien wie »Trapped«, wo er als Produzent wirkte) sowie Benedikt Erlingsson (Spielfilm »Gegen den Strom« mit Halldóra Geirharðsdóttir in der Hauptrolle) erobern die Leinwand und den Bildschirm weit über die Grenzen Islands hinaus. In aller Regel entstammt das Sujet isländischer Filme der **Problematik des Landes** oder dem **Alltag seiner Bewohner**. So berichtet der herbe, aber auch charmante Film »Sture Böcke«

von Grímur Hákonarson von zwei Schafe züchtenden Brüdern und Nachbarn, die einen jahrzehntelangen, erbitterten und wortlosen Zwist austragen, schließlich aber zusammenhalten, als ihre Existenzen bedroht sind. »Milchkrieg in Dalsmynni« wiederum erzählt von einer verschuldeten Milchbäuerin und ihrem Kampf mit der lokalen Kooperative; Regisseur ist auch hier Grímur Hákonarson.

Sie sind zwar nicht das Babelsberger Studio und schon gar nicht Hollywood, doch die **Reykjavík Studios**, untergebracht in einer ehemaligen Düngemittelfabrik am Rand der Stadt, ermöglichen es einheimischen und ausländischen Regisseuren und Produzenten, kostengünstig zu arbeiten.

Die grandiose dramatische Landschaft Islands diente als düsterer Hintergrund der **Serie** »Game of Thrones«. Sie war aber auch spektakuläre Kulisse in diversen **Hollywoodfilmen**, darunter »Oblivion« oder »The Secret Life of Walter Mitty«, wo Island wahlweise als Nepal oder Grönland auf der Leinwand glänzte, daneben zweimal in James-Bond-Filmen (»Im Angesicht des Todes«, 1985, und »Stirb an einem anderen Tag«, 2002). Apropos Hollywood: 2020 gingen sowohl ein Golden Globe als auch ein Oscar an die isländische Komponistin Hildur Guðnadóttir für ihre **Filmmusik** zu dem Kinostreifen »Joker« in der Regie von Todd Phillips.

Isländische **Krimiserien** wie »Trapped« I und II mit dem bildschirmfüllenden Ólafur Darri Ólafsson (siehe auch »The Deep«) als Kriminalbeamten oder »The Valhalla Murders« (Netflix) mit Nína Dögg Filippusdóttir in der Hauptrolle werden in zahlreichen Ländern erfolgreich ausgestrahlt.

Rund um die Insel finden zu verschiedenen Jahreszeiten **Filmfestivals** statt, wie das Northern Wave International Film Festival in Grundarfjörður, Snæfellsnes, das seit 2008 insbesondere Kurzfilme, Videowerke und Musikvideos vorstellt. Die humoristische Seite des internationalen Films steht beim Festival in Flateyri in den Westfjorden seit 2016 im Mittelpunkt. Das RIFF (Reykjavík International Film Festival) findet jährlich seit 2004 statt und rückt innovative internationale Filme sowie die Vernetzung von Filmschaffenden ins Zentrum.

MUSEEN UND GALERIEN

Die Verbundenheit der Isländer mit ihrer Geschichte, Kultur und Natur drückt sich in zahlreichen, teils kleinen, im ganzen Land verstreuten Museen aus. Fast ausnahmslos gehen sie auf die Initiativen engagierter Bürger zurück.

Geschichte und Volkstum

Das Nationalmuseum **Þjóðminjasafn Íslands** (→ S. 67) in Reykjavík zeichnet den Werdegang der Nation von ihren Anfängen ab der Landnahmezeit bis heute nach.

Etliche Museen sind der Wikinger- und Sagazeit bzw. der Landnahme gewidmet, darunter das **Saga Museum** (→ S. 64) und **Reykjavík 871 ±2 / Landnámssýningin** (→ S. 66), beide in Reykjavík, oder auch das Landnahmezentrum **Landnámssetur** (→ S. 94) in Borgarnes und das Saga-Zentrum **Sögusetrið á Hvolsvelli** (→ S. 176) im Süden des Landes.

Anschauliche Einblicke in das Leben vergangener Tage bieten die nicht minder zahlreichen Freiluftmuseen wie der Grassodenhof **Árbæjarsafn** (→ S. 71) in Reykjavík und viele weitere historische oder rekonstruierte Gehöfte wie **Eiríksstaðir** (→ S. 107) im Westen, **Glaumbær** (→ S. 115) und **Gamli bærinn Laufás** (→ S. 129) im Norden, **Bustarfell** (→ S. 146) in Ostisland und **Þjóðveldisbærinn** (→ S. 178) sowie **Íslenski bærinn** (→ S. 180) in Südisland.

Ergänzt, zum Teil auch mit überschneidender Thematik, werden die genannten Einrichtugen durch Heimat- und Regionalmuseen zu allen möglichen Bereichen, darunter das Museumszentrum Akranes **Byggðasafnið Garðar Akranes** (→ S. 92) in Westisland, das auch eine Stein- und Mineraliensammlung sowie ein Sportmuseum umfasst, das restaurierte Handelshaus **Norska húsið** (→ S. 104) in Stykkishólmur, **Minjasafn Austurlands** (→ S. 147) in Egilsstaðir, das Hei-

Die Erinnerung an frühere Zeiten halten die vielen Heimatmuseen in Island wach und vermitteln Einblicke in die Lebensverhältnisse vergangener Tage.

mat- und Kunstmuseum **Langabúð** (→ S. 159) in Djúpivo-gur, das sich auch dem dort geborenen Bildhauer Ríkarður Jónsson widmet, das auf mehrere Gebäude verteilte **Skógasafn** (→ S. 172) in Südisland mit Exponaten vom bäuerlichen Leben bis zur technischen Entwicklung im Land, oder das **Sagn-heimar** (→ S. 174) in Heimaey auf den Westmännerinseln, das die Geschichte der Insel beleuchtet.

Seefahrt, Fischerei und Technik

Während das Schifffahrtsmuseum **Sjóminjasafn** (→ S. 64) in Reykjavík und das **Víkingaheimar** (→ S. 83) in Reykja-nesbær ihr Augenmerk fast ausschließlich auf die Seefahrt und die Fischerei richten, verschwimmen die Grenzen im **Duus Safnahús** (→ S. 84), ebenfalls in Reykjanesbær, denn dort ist auch Kunst und Kunsthandwerkliches ausgestellt.

Mit der Geschichte und dem Alltag der Fischer in den Westfjorden beschäftigt sich das **Byggðasafn Vestfjarða** (→ S. 110) in Ísafjörður. Im Heringsfangmuseum **Síldarmin-jasafnið** (→ S. 121) in Siglufjörður steht der Hering im Mit-telpunkt, und über das Erbe der französischen Fischer, die ab

Im Rokksafn werden Besucher ausgerüstet mit iPads durch die überraschend reiche und vielseitige Rock- und Popgeschichte Islands geführt.

der Mitte des 19. Jahrhunderts eine Station in Ostisland unterhielten, informiert das im alten Krankenhaus untergebrachte **Frakkar á Íslandsmiðum** (→ S. 156) in Fáskrúðsfjörður.

Über die Anfänge der modernen Zeit Ende des 19. Jahrhunderts in Island und die danach folgenden Innovationen kann man sich im **Tækniminjasafn Austurlands** (→ S. 152) in Seyðisfjörður ein Bild machen.

Vulkanismus und Geologie

Die wahrscheinlich umfassendsten und auch spannendsten Einblicke in die geodynamischen Prozesse Islands vermittelt das **Lava Centre** (→ S. 177) in Hvolsvöllur im Süden, während sich das **Eldheimar** (→ S. 174) auf der Westmännerinsel Heimaey speziell auf den gewaltigen Ausbruch des lokalen Vulkans Eldfell im Jahr 1973 konzentriert.

Einen mit Kunstwerken unterschiedlicher Art angereicherten Blick auf den Vulkanismus wirft das Vulkanmuseum **Eldfjallasafn** (→ S. 103) in Stykkishólmur in Westisland.

Naturkundliches

Welche Vogelarten in Island brüten, verrät das **Fuglasafn** (→ S. 134) am Mývatn. Im Norden angesiedelt ist zudem das große Walmuseum **Hvalasafnið** (→ S. 137) in Húsavík.

Bildende Kunst, Design und Literatur

Zeitgenössische Kunst präsentiert das **Listasafn Reykjavíkur** (→ S. 64), isländische Künstler des 19. und 20. Jahrhunderts, aber auch Werke internationaler Künstler sind in der National-galerie **Listasafn Íslands** (→ S. 67) zu sehen, beide in Reyk-javík. Ebenfalls in der Hauptstadt angesiedelt ist das **Listasafn Einars Jónssonar** (→ S. 69), das Werke des einheimischen Bildhauers Einar Jónsson ausstellt.

Zeitgenössische Kunst wird auch im Norden geschätzt, dort stellt das Zentrum für bildende Kunst **Listasafnið á Akureyri** (→ S. 125) in wechselnden Ausstellungen moderne isländi-sche Künstler vor. Wiederum nur einem einzelnen Künstler, Svavar Guðnason, gewidmet ist das **Listasafn Svavars Guðna-sonar** (→ S. 162) in Hornarfjörður in Südisland.

Das spartenübergreifende Programm der **Gallerí Snærós** (→ S. 157) in Stöðvarfjörður reicht von Malerei bis Schmuck und Textilkunst. Letztere steht, wenngleich mehr als Ge-brauchsgegenstand, auch im Mittelpunkt des Textilmuseums **Heimilisiðnaðarsafn** (→ S. 114) in Blönduós im Norden.

Zwei museale Einrichtungen legen ihren Fokus auf die Lite-ratur: **Gljúfrasteinn** (→ S. 79) in Mosfellsbær widmet sich dem Literaturnobelpreisträger Halldór Laxness, das **Nonnahús** (→ S. 127) in Akureyri dem Leben und Werk Jón Sveinssons.

Kultur und Ausgefallenes

Isländische Größen aus Pop und Rock kommen im **Rokksafn Íslands** (→ S. 83) in Keflavík zu gebührenden Ehren.

Ungewöhnliche Aspekte der Landesgeschichte sind im Mu-seum für Hexerei und Zauberei, **Galdrasýning á Ströndum** (→ S. 111), in Hólmavík dokumentiert.

Die ganze Vielfalt isländischer Steine lernt man im **Steina-safn Petru** (→ S. 157) in Stöðvarfjörður in Ostisland kennen.

HANDWERK

Wie überall auf der Welt spielt das Klima auch in Island eine prägende Rolle. So verwundert es nicht, dass die landestypischen Souvenirs vor allem aus warmer Bekleidung und Hautpflegeartikeln bestehen.

Der Islandpullover – ein geschütztes Warenzeichen
Die Tradition der **Islandpullover** *(lopapeysa)* ist rund hundert Jahre alt. Nur wenn er aus isländischer Wolle im Land handgestrickt wurde und keine einzige Naht aufweist, gilt er als echt. In gut sortierten Geschäften stellt eine Farbgebung die nächste in den Schatten; die breiten Rundpassen, die sich vom Halsausschnitt bis über die Schultern legen, haben grafische, manchmal auch figürliche Muster. Überall auf der Insel können echte Islandpullover aus unversponnener Wolle *(plötulopi)* oder aus doppelt versponnenem Garn *(léttlopi)* erworben werden.

Gut gerüstet für draußen – die heimischen Outdoor-Marken
Unter den bekannten isländischen Outdoor- und Strickwarenmarken produziert nur das wollverarbeitende Familienunternehmen Kidka (www.kidka.com) seine Linie vom Design bis zur Fertigung ausschließlich in Island. Besonders wetterfest ist die **Robustkleidung** von 66°North (www.66north.com) – die modebetonte Marke geht auf die isländische Ölzeugherstellung für Fischer zurück. Icewear (www.icewear.is) bietet eine reiche Auswahl an **Woll- und Outdoor-Kleidung**. Eine weitere einheimische Outdoor-Marke ist ZO•ON (www.zo-on.com).

Weich und warm – isländische Daunen
Eiderdaunen sind ein kostbares Gut der Natur. Die gesellige und seit 1847 in Island völlig geschützte **Eiderente** polstert ihr Gelege mit feinen, ihrem Brustgefieder entnommenen Daunen aus. Unmittelbar nach dem Schlüpfen der kleinen Nestflüchter werden die Daunen gesammelt, getrocknet, von Hand vorge-

Bei so vielen Schafen ist es nur logisch, dass Wolle eine wichtige Rolle in Island spielt. Ein Markenzeichen isländischer Wollverarbeitung ist der Islandpullover.

reinigt und später zu Bettdecken, Schlafsäcken oder Jacken verarbeitet. Ein Nest ergibt um die 60 Gramm Daunen – für eine Daunendecke wird der Ertrag von 15 Nestern benötigt. Rund 4000 Küstenbauern Islands hegen und pflegen die Brutstätten der Vögel, welche im Winter in wärmere Gegenden ziehen. Verkaufsstellen von Eiderdaunen-Produkten im ganzen Land finden sich auf www.icelandeider.is.

Wohltuendes aus der Natur – und ein spezielles Souvenir

Schützend, pflegend, heilend, anregend oder beruhigend – die isländische Natur hält eine Fülle an **Kräutern und Mineralien** bereit. Gerade die sehr strapazierte Haut profitiert von den Pflegeartikeln der Marke Blue Lagoon (www.bluelagoon.com) aus dem kieselhaltigen Thermalwasser der Blauen Lagune. Sóley Organics (www.soleyorganics.com) bietet ein breites Spektrum an heilenden und pflegenden Artikeln an, die im ganzen Land erhältlich sind. Saga Medica geht in den Bereich der **Naturmedizin** mit Produkten aus Engelwurz und anderen Kräutern.

Ein kleines besonderes isländisches Mitbringsel, aber auch ein leckerer Genuss für zwischendurch ist das beliebte **Lakritz mit Schokolade**, das es vielerorts zu kaufen gibt.

Wenn es draußen mancherorts unwirtlich und kahl ist, holt man sich das Grün einfach ins Restaurant, oder versetzt das Ganze z. B. in ein Tomatengewächshaus.

KULINARIK

Vom Sternerestaurant bis zur hochgelobten Würstchen-bude, über Eissalons und ausgezeichnete Bäckereien gibt es in Island alles. Nur nicht immer alles an einem Fleck.

Hohe Preise, hohe Qualität

Wer sich auf die Suche macht, findet selbst in kleinen Ort-schaften feine Bistros und Cafés, Mikrobrauereien, Fischres-taurants oder ganz einfach einen Schnellimbiss mit **solider Hausmannskost**. Nur eines gibt es nicht, eine der bekanntes-ten und weltweit verbreiteten Fast-Food-Ketten. Doch die is-ländischen Burgerbrätereien, darunter zwei mit Filialen in ver-schiedenen Orten im Land, wiegen dies mehr als auf, sind aber um einiges teurer, als man es von Fast Food gewohnt ist. Auch **Street Food**, sei es in marktähnlicher Atmosphäre unter einem Dach oder von **Gastro-Trucks**, bieten eine ansprechende Qua-lität. Generell muss jedoch durchweg mit hohen Preisen ge-rechnet werden, nicht zuletzt für Getränke. Trinkwasser ist immerhin überall umsonst.

Die Fülle an **internationalen Spezialitäten** kann sich, jedenfalls in größeren Orten, sehen lassen. Asiatisch, italienisch, indisch, äthiopisch, syrisch oder eine Fusion daraus – mit den Einwanderern wird die Speisekarte reicher. Fast alle Häuser ergänzen ihr Menü durch vegetarische, oft auch vegane Gerichte.

Alle Fische des Meeres
Während der Fischkonsum der Haushalte rückläufig ist, kommt **fangfrischer Fisch** als Highlight in vielen Restaurants ebenso auf den Tisch wie andere Meeresfrüchte. Höfn im Südosten gilt als Langustenstadt der Insel, Dalvík im Norden zieht mit seinem Fischfestival Tausende an, die gerne anstehen, um umsonst und abwechslungsreich Fisch zu speisen. Nur eine Delikatesse ist umstritten, der *hákarl* oder **fermentierte Eishai**. Dessen stark nach Ammoniak riechendes Fleisch wird erst gepresst, bevor es in Trockenhütten reift und schließlich als kleine Würfelchen mit einem Schluck Klarem verzehrt wird.

Freilaufend seit 874
An diesem Werbespruch für **Lammfleisch** ist was dran. Das Islandschaf, im späten 9. Jahrhundert angekommen, lebt heute weitgehend noch wie damals: im Stall während des Winters, auf weitläufigen Weiden im Sommer. Somit ist das Fleisch besonders natürlich und schmeckt nach den Kräutern der Naturweiden. Die Lämmer werden im Herbst geschlachtet und dann konsumgerecht verarbeitet. Jedes gute Restaurant, aber auch Kantinen und Schnellimbisse, bietet Lammgerichte an. Der Werbespruch kann auch auf **Fohlenfleisch** bezogen werden. Vom Grill ist Fohlenfleisch eine überraschende Spezialität.

Kalte Erfrischung, cremiger Genuss
Aus inländischer Kuhmilch entstehen sahniges **Speiseeis**, welches das ganze Jahr Saison hat, aber auch das gesunde **Skyr** – im Geschmack ein Mittelding zwischen Magerquark und Joghurt –, dessen Molkeanteil es von seinem Vetter auf dem Festland unterscheidet. Eissalons mit Suchtfaktor finden sich in Reykjavík, Akureyri und Hveragerði.

Zu den ältesten Traditionen in Island, die schon seit der Zeit der ersten Siedler gepflegt wurden, gehört das Trocknen von Fisch zur Konservierung.

EIGENHEITEN DES ISLÄNDISCHEN GESCHMACKS

Der kleine Schreck am Mittagstisch

Hier sollen keine verbreiteten Klischees über althergebrachte, isländische Delikatessen aus intimen Körperteilen von Schafen oder vergrabenen Meerestieren wiederholt werden, denn angesichts derer empfiehlt es sich, auf die deutsche Lungensuppe, Kutteln oder Ochsenmaulsalat zu verweisen. Vielmehr geht es um Speisen, die ungewöhnliche Rohstoffe enthalten oder überraschend zubereitet werden. Wie die **Heilbuttsuppe mit Backpflaumen**, wobei zuerst der gekochte Heilbutt mit Pellkartoffeln und Butter gereicht wird, gefolgt vom suppigen Sud als zweitem Gang, mit Rosinen, Backpflaumen, Essig und Lorbeerblatt. Das muss man sich auf der Zunge zergehen lassen …

Gibt es eine **Lammkeule** aus dem Backofen, idealerweise mit einheimischem Bergthymian gewürzt, kommen karamellisierte Kartoffeln, kalte Erbsen aus der Dose sowie kalter Rotkohl dazu. Der Clou dazu ist die Soße! In reichlich Butter wird ein üppiger Pfefferkäse aufgelöst, dazu kommt eine Masse Champignons in Scheiben, und schließlich wird alles mit fetter Sahne dick aufgegossen.

In einem Land, das kein eigenes Getreide produzierte, war Brot Mangelware und oftmals gar nicht zu erhalten. Aber es gab Fisch in vielerlei Varianten: frisch, abgehangen, geräuchert und getrocknet. Und hier kommt eine leckere Empfehlung: Ein Stück *harðfiskur*, **Trockenfisch**, mit Butter bestreichen, aber dicker als man eine Schreibe Brot bestreichen würde. Bitte nicht im Taxi oder Flugzeug genießen. Dieser in Island beliebte Outdoor-Snack schmeckt viel milder, als er riecht, und spendet schnell viel Energie.

Als Frühstück ist **Porridge** beliebt, mit ein oder zwei Scheiben kalter Schafsblutwurst. Mit Zucker bestreut servieren! Am besten aber soll es sein, dieses einfache Gericht am Abend aufzutragen, denn es soll aphrodisierend wirken.

Eine besondere Süßigkeit ist die **Schokoladenwaffel** Prins Póló, aus Polen kommend und während der kommunistischen Tauschhandelszeit zwischen Polen und Island ab 1955 als »Währung« benutzt. Noch heute, lange nach dem Zerfall des Kommunismus, ist sie eine der beliebtesten Naschereien in Island. Vielleicht ist man zu weit gegangen, dem modernen Nationalgericht der Isländer den Namen *Kók, Prins og pylsa* (Coca Cola, Prins Póló und Hot Dog) zu geben, denn dieser Titel trifft eher auf die **Pizza** zu. Sie hat einfache, bodenständige Mahlzeiten wie gekochten **Schellfisch mit Pellkartoffeln und Butter** weitgehend abgelöst. Dabei lohnt es sich, diesen Fischklassiker zu probieren oder selbst zuzubereiten, denn er macht nur wenig Mühe: So viele Pellkartoffeln wie gewünscht aufsetzen und so lange kochen, bis nur noch fünf bis sechs Minuten der Kochzeit verbleiben. Das Fischfilet – es sollte Haut haben, damit es nicht so leicht zerfällt – darauflegen und alles langsam garen. Reichlich Butter zerlassen. Kartoffeln und Fisch auf einen Teller legen und mit der Butter übergießen. Wohl bekomm's beziehungsweise *verði ykkur að góðu*.

KULINARISCHES LEXIKON

all: Aal
ávaxtasafi: Fruchtsaft

beikon: geräucherter Speck
bjúga: Hackwurst
blóðmör: Blutwurst mit Rosinen
bjór: Starkbier
brauð: Brot
búðingur: Pudding

djúpsteikt: frittiert
drykkir: Drinks

egg: Ei
eplakaka: Apfelkuchen

fiskibollur: gebratene Fischklopse
fiskur: Fisch
flatkökur, flatbrauð: Roggenpfannkuchen, Fladenbrot
franskar: Pommes frites
fuglar: Geflügel

gráðostur: Schimmelkäse
grænmeti: Gemüse

hákarl, kæstur hákarl: fermentierter Hai
hangikjöt: geräuchertes Lammfleisch
harðfiskur: Trockenfisch, als Snack oder mit Butter serviert
hjónabandssæla: »Eheglück«, Kuchen ähnlich der Linzer Torte

hörpuskel: Jakobsmuschel
hrefna: Minkwal
hreindýr: Rentier
hrísgrjón: Reis
hrútspungar: eingelegter Hammelhoden, auch als Pastete
humarhalar: Hummerkrabbenschwänze
hverabrauð: dunkles Roggenbrot, bis 24 Stunden gebacken, traditionell in Vulkanerde
hvítvín: Weißwein

ís: Eiscreme
islenskur matur: isländische Spezialitäten

kaffi: Kaffee
kakósúpa: Kakaosuppe, mit Zwieback serviert
kálfasneið: Kalbsschnitzel
kalkún: Pute
karfi: Rotbarsch
kartöflumús: Kartoffelpüree
kjöt: Fleisch
kjötsúpa: Fleischeintopf mit Reis und Gemüse
kjúklingabringa: Hähnchenbrust
kleina, pl. kleinur: rautenförmiges Schmalzgebäck
kræklingur: Miesmuschel

lambakjöt: Lammfleisch
laufabrauð: Knusperfladen, zu Weihnachten

lax: Lachs
leturhumar: Languste,
Hummerkrabbe
lúða: Heilbutt
lundabaggi: gekochte, sauer
eingelegte Schafsinnereien
lundi: Papageitaucher, gebraten
oder geräuchert
læri: Keule

molakaffi: schwarzer Kaffee mit
Würfelzucker *(sykurmolar)*
mysa: Molke

naut: Rind
nautakjöt : Rindfleisch

ostakaka: Käsekuchen
ostur: Käse(-sorten)
öl: Bier

plokkfiskur: Fisch-Kartoffel-
Eintopf
pönnukaka, pl. pönnukökur:
crêpeartige Pfannkuchen
pylsur: Wurst
pylsur »ein með öllu«: Hotdog
mit diversen Saucen und Tro-
ckenzwiebeln

rauðvin: Rotwein
reykt: geräuchert
rjóma: Sahne
rækja: Garnele

saltfiskur: gepökelter
Kabeljau mit Kohlrüben
und Hammelfett
sandhverfa: Steinbutt
síld: Hering
silungur: Forelle

sjávarréttur: Meeresfrüchte
skarkoli, rauðspretta: Scholle
skata: fermentierter Rochen,
»Gammelrochen«
skinka: Schinken
skyr: quarkähnliche
Milchspeise
slátur: im Schafsmagen
gekochte Innereien, wie
Saumagen
smjör: Butter
soðin/n: gekocht
steikt: gebraten
steinbítur: Seewolf
súkkuladiðikaka: Schokoladen-
torte
súpa dagsins: Tagessuppe
súrmeti, súrsaðir: milchsauer
eingelegt bzw. gekocht
súrmjólk: Dickmilch
sveppir: Pilze
svið: gesengter Schafskopf,
mit Rübenmus und Stampf-
kartoffeln
svín: Schwein
svínakjöt: Schweinefleisch
sulta: Sülze

tebolla: Teegebäck
tunga: Zunge

ufsi: Seelachs

vínarbrauð: traditionelles
Gebäck
vöfflur: süße Waffeln

ýsa: Schellfisch

þorskur: Kabeljau, Dorsch
þurrkaður: luftgetrocknet

Die Hallgrímskirkja (s. S. 69), das Wahrzeichen Reykjavíks, ragt mit ihrem 75 Meter hohen Turm weit über die Häuser hinaus.

UNTERWEGS
IN ISLAND

REYKJAVÍK
UND UMGEBUNG

Reykjavík ist das wirtschaftliche, kulturelle und politische Zentrum Islands und mittlerweile mit den Nachbarstädten Kópavogur, Garðabær und Hafnarfjörður zusammengewachsen. Rund zwei Drittel der Isländer leben in der Hauptstadtregion.

Die Stadt Reykjavík gibt es noch nicht lange, denn bis zum Zweiten Weltkrieg war sie bestenfalls ein großes Dorf. Einige wenige Häuser stammen noch aus der zweiten Hälfte des 18. Jh., doch das Gesicht Reykjavíks ist geprägt von modernen Bürotürmen und Apartmenthäusern, außerhalb des Zentrums wurden in den letzten Jahrzehnten immer mehr Vorstädte in die Lava gesetzt. Nur noch nahe dem Rathaus am Ingólfstorg konnten sich Reste der **Altstadt** erhalten.

Rund um Reykjavík liegen die Nachbargemeinden **Kópavogur**, **Garðabær**, **Hafnarfjörður** und **Mosfellsbær**. Sie sind im letzten Jahrzehnt rasch angewachsen, nachdem Wohnraum in der City knapp wurde und Bauland vor allem für die touristische Infrastruktur gebraucht wurde. Trotzdem sind sie nicht nur reine Schlafstätten, sondern haben ihre eigenen touristisch interessanten Attraktionen entwickelt.

Die meisten Fluggäste sehen die Halbinsel **Reykjanes** als Erstes – oder Letztes – aus dem Flugzeug, denn auf der westlichen Spitze der Halbinsel, in **Keflavík**, starten und landen alle internationalen Flieger. Die Halbinsel ist relativ jung, geprägt von rauen Lavafeldern, und von oben lassen sich die Spannungsrisse im kahlen Gestein erkennen. Es gibt wenig Vegetation, vor allem bei Regenwetter wirkt die Gegend dunkel und abweisend. Dazu zischt und dampft es allenthalben in mächtigen Fumarolen oder Solfataren in den Geothermalgebieten **Gunnuhver** oder **Seltún**.

MERIAN TOP 10

REYKJAVÍK <small>C5</small>

Stadtplan → S. 65

131 000 Einwohner

Die **nördlichste Hauptstadt der Welt** ragt ein gutes Stück in die weite Faxaflói-Bucht. Ihren Namen – Rauchbucht – verdankt die Stadt dem ersten Siedler Ingólfur Arnarson, denn er sah bei seiner Ankunft Rauchschwaden aufsteigen. Dem Wikinger hat man im Zentrum der Stadt ein Denkmal gesetzt, von dem er in stolzer Erobererpose hinaus aufs Meer schaut.

Der **alte Hafen** hat sich vom Fischerhafen zur Touristenmeile entwickelt. Hier starten die Walbeobachtungen, Radtouren und Stadtführungen, hier gibt es Museen und Geschäfte sowie mehrere Restaurants und Cafés. Auch die Baulücken im nördlichen Teil werden nach und nach geschlossen

Seit einigen Jahren steht Reykjavík im Ruf einer **Partyhochburg**. Im Vergleich zu den sehr ruhigen kleineren Orten und Dörfern im Rest des Landes trifft dies in jedem Fall zu. Doch wer feiern will, braucht viel Ausdauer, denn erst zu sehr fortgeschrittener Stunde verwandeln sich am Wochenende ansonsten ruhige Cafés und Restaurants in trendige Bars.

Wer länger als nur ein paar Stunden in Reykjavík verbringt, sollte sich den Kauf der **Reykjavík City Card** überlegen. Mit ihr ist der Eintritt zu vielen Museen frei, man kann kostenlos die öffentlichen Busse benutzen und ebenfalls kostenfrei die Schwimmbäder der Stadt besuchen.

Sehenswertes

❶ ÞÚFA

Die Künstlerin Ólöf Nordal hat hier symbolisch für die unzähligen Grashügel im Land eine **Installation** errichtet. Der kleine, keine 10 m hohe Hügel ist durch einen schmalen Spiralweg zu begehen. In ihren eigenwilligen Werken bezieht sich die Künstlerin häufig auf isländische Märchen, das nationale Erbe sowie die Verbindung des Menschen zur Natur.

Norðurgarður, am alten Hafen

② SJÓMINJASAFN

Bevor das **Schifffahrtsmuseum** einzog, diente das Gebäude als Kühlhaus für Fische. Es ist daher nur konsequent, dass hier alles zu sehen ist, was mit Fischerei und Fischverarbeitung zu tun hat, darunter Schiffsmotoren, Trockenfischgestelle, Modellboote und diverse Ausrüstungsgegenstände. Daneben finden Wechselausstellungen und viele Veranstaltungen statt.

Grandagarður 8 | Tel. 5 17 94 00 | www.reykjavikcitymuseum.is | tgl. 10–17 Uhr | Eintritt 1740 ISK

③ SAGA MUSEUM

17 Stationen beleuchten wichtige Ereignisse aus der Sagazeit und machen mit ihren Helden Snorri Sturlusson, Ingólfur Arnarson und Leifur Eiríksson bekannt. Lebensgroße Puppen sind in derbe Gemetzel und Intrigen verwickelt. Der Eindruck, den die Macher der Ausstellung vermitteln, lässt die Sagazeit ziemlich blutrünstig und recht ungemütlich erscheinen.

Grandagarður 2 | Tel. 5 11 15 17 | www.sagamuseum.is | tgl. 10–18 Uhr | Eintritt 2500 ISK

④ LISTASAFN REYKJAVÍKUR

Vor der Umwandlung zum **Kunstmuseum** befand sich hier ein Lagerhaus. Die Ausstellungen präsentieren zeitgenössische Kunst aus dem In- und Ausland und setzen einen Schwerpunkt auf experimentelle Kunst und avantgardistischen Medieneinsatz. Auch viele Werke des Popkünstlers Erró (geb. 1932) zwischen Surrealismus und Pop Art werden hier gezeigt. Das Hafenhaus wird zudem noch für vielfältige Veranstaltungen – von Rockkonzerten bis hin zu Dichterlesungen – genutzt.

Tryggvagata 17 | Tel. 5 90 12 00 | www.artmuseum.is | Mai–Sept. tgl. 10–17, Okt.–April 13–17 Uhr | Eintritt 1840 ISK

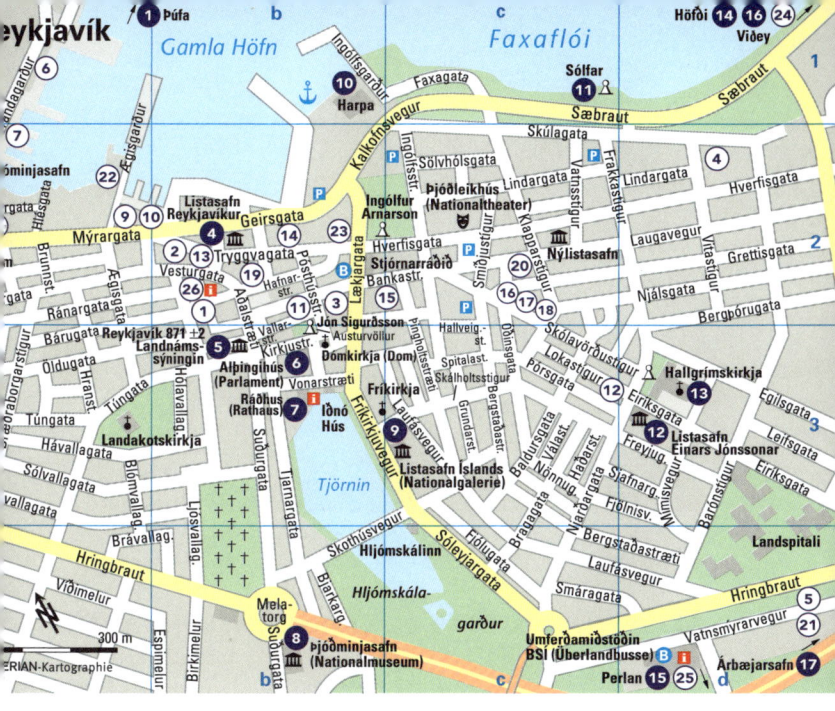

SEHENSWERTES

1 Þúfa
2 Sjóminjasafn
3 Saga Museum
4 Listasafn
   Reykjavíkur
5 Reykjavík 871 ±2
6 Dómkirkjan
7 Ráðhús Reykjavíkur
8 Þjóðminjasafn Ísl.
9 Listasafn Ísl.
10 Harpa
11 Sólfar
12 L. Einar Jónssonar
13 Hallgrímskirkja
14 Höfði
15 Perlan
16 Viðey
17 Árbæjarsafn

ÜBERNACHTEN

1 Vaktahouse
2 Black Pearl
3 Hótel Borg
4 Kex Hostel
5 Gist. Eyvindarholt

ESSEN UND TRINKEN

6 Grandi Mathöll
7 Kaffivagninn
8 Matur og Drykkur
9 Hamborgarabúllan
   Tómasar
10 Sægreifinn
11 Café Paris
12 Café Loki

EINKAUFEN

13 Kirsuberjatréð
14 Kolaportið

15 Aurum
16 P. Eymundson
17 Tólf Tónar
18 Handprjónasam-
   band Ísl.

ABENDGESTALTUNG

19 Gaukurinn
20 Lebowski Bar
21 Borgarleikhús

AKTIVITÄTEN

22 Elding
23 Foodwalk
   Reykjavík
24 Laugardalur
25 Nauthólsvík

SERVICE

26 Touristeninform.

Hinter der Büste des früheren Weihbischofs Bjarni Jónsson (1881–1965) erhebt sich die Dómkirkjan, in der 1874 zum ersten Mal die isländische Nationalhymne erklang.

❺ REYKJAVÍK 871 ±2 / LANDNÁMSSÝNINGIN

Unter dem Hotel Reykjavík wurden bei Renovierungsarbeiten mehr als 1000 Jahre alte **archäologische Funde** gemacht. Der Name 871 ±2 bezieht sich auf das Alter der Fundstücke. Zentrales Ausstellungsstück sind die Reste eines Langhauses aus der Wikingerzeit. Informationstafeln und eine multimediale Animation geben Einblicke in das Alltagsleben der ersten Siedler.

Aðalstræti 16 | Tel. 4 11 63 70 | www.reykjavikcitymuseum.is | tgl. 9–18 Uhr | Eintritt 1740 ISK

❻ DÓMKIRKJAN

Es mag manchen Besucher verwundern, dass statt der imposanten Hallgrímskirkja diese eher unscheinbare Kirche im neoklassizistischen Stil als Bischofssitz dient. Das Gebäude blickt auf über 200 Jahre Geschichte zurück. Im Jahr 1787 begann man mit dem Bau, nachdem der Bischofssitz kurz vorher von Skálholt nach Reykjavík verlegt wurde. Im 19. Jh. erfolgte ein grundlegender Umbau, und nach weiteren Renovierungen finden im Gebäude heute neben den Gottesdiensten auch Konzerte und andere Veranstaltungen statt. Die Orgel wurde übrigens in Berlin von Karl Schuke gebaut und 1985 eingeweiht.

Kirkjustræti | www.domkirkjan.is | tgl. 10–15 Uhr, Messe So 11 Uhr

REYKJAVÍKS KATZEN

Katzenfreunde sollten in der Altstadt die Augen offenhalten und Blicke in Gärten oder um die Straßenecke werfen: Es gibt Katzen in allen Schattierungen zu entdecken. Selbst an einem Regentag muss man nicht auf Samtpfoten verzichten. Das Katzencafé in der Bergstaðastræti (www.kattakaffihusid.is) lädt darüber hinaus zu Leckereien mit Kuschelfaktor ein.

❼ RÁÐHÚS REYKJAVÍKUR

Das moderne **Rathaus** in Betonarchitektur am Stadtteich Tjörnin beherbergt neben der Stadtverwaltung ein mehrere Quadratmeter großes Reliefmodell Islands, das einen guten Eindruck von der Geografie der Insel vermittelt.

Tjarnargata 11 | Mo–Fr 8–18, Sa 10–18, So 12–18 Uhr

❽ ÞJÓÐMINJASAFN ÍSLANDS

In der Dauerausstellung des **Nationalmuseums** wird das Werden einer Nation gezeigt, von den Anfängen während der Landnahme bis heute. Sonderausstellungen thematisieren das geschichtliche Erbe, aber auch Kunst in Fotografie, Design oder Handwerk. Im Ticket ist der Eintritt für das dazugehörige Kulturhaus (Safnahúsið), Hverfisgata 15, enthalten.

Suðurgata 41 | Tel. 5 30 22 00 | www.thjodminjasafn.is | Mai–Aug. tgl. 10–17, Sept.–April Di–So 10–17 Uhr | Eintritt 2000 ISK

❾ LISTASAFN ÍSLANDS

Die **Nationalgalerie** besitzt rund 10 000 Werke isländischer Künstler, überwiegend aus dem 19. und 20. Jh., aber auch Arbeiten von Picasso oder Munch. Teile der Sammlung werden regelmäßig in Ausstellungen präsentiert. Der Bestand umfasst außerdem viele Werke von Ásgrímur Jónsson (1876–1958), einem von französischen Impressionisten beeinflussten Landschaftsmaler und Illustrator isländischer Sagas und Volksmärchen.

Fríkirkjuvegur 7 | Tel. 5 15 96 00 | www.listasafn.is | Mai–Sept. tgl. 10–17, Okt.–April Di–So 11–17 Uhr | Eintritt 2000 ISK

Regent auf Zeit

Er war Däne, aber die dänische Dynastie wollte mit ihm nichts zu schaffen haben. Er regierte selbst ernannt einige kurze Sommerwochen während der Hundstage in Island, doch außerhalb gewisser Kreise von Reykjavík war er kaum mehr als ein Gerücht: **Jørgen Jørgensen**, der im Jahr 1780 in Kopenhagen geborene König Islands. Als erfahrener und geschätzter Seemann auf einem englischen Schiff kam er durch Tricks und Beziehungen 1809 nach Island und erklärte sich bald schon zum Beschützer und Oberbefehlshaber der Insel – ganz entgegen der landläufigen dänischen Vorstellung.

In bestimmten Kreisen war Jørgen Jørgensen in Reykjavík höchst beliebt. Er entließ beispielsweise alle Häftlinge, um im nunmehr frei gewordenen Gebäude an der Lækjagata (heute ein Regierungsgebäude) rauschende Feste zu feiern. Er nahm den regierenden und wenig populären Stiftsamtmann Dänemarks gefangen und setzte ihn in einem finsteren Verschlag auf einem Schiff fest. Er stürzte das Land ins Chaos, was aber zu jener Zeit nicht als besondere Bedrohung empfunden wurde – die Natur Islands wütete schlimmer, als es ein selbst ernannter König hätte vollbringen können. Zu den wenigen überlieferten Amtshandlungen des Hundstagekönigs zählen eine **neue Landesflagge**, die sich allerdings nicht durchsetzen konnte, sowie **fantasievolle Uniformen** der von ihm angeheuerten Söldner.

Der kurzzeitige König Islands wurde durch die Briten, die Geschäfte in Island zu erledigen hatten und mit den Dänen konform gingen, schlichtweg und unter Missachtung aller pseudoroyaler Formalitäten abgesetzt und auf einem englischen Schiff zur Strafkolonie in Van Diemens Land, heute Tasmanien, transportiert. Doch schon auf dem Weg über den Ozean war sein Navigationstalent gefragt, als das Schiff, auf dem sich der Gefangene befand, in Seenot geriet. In Tasmanien erlangte er wieder eine einflussreiche Stellung und starb dort als freier Bürger im Jahr 1841.

⑩ HARPA

Das asymmetrisch-kubische **Konferenzzentrum und Konzerthaus** am Meer wird für vielfältige Veranstaltungen genutzt. Hier haben auch das Symphonieorchester und die Oper ihre Spielstätte. Die Fassade, die wie ein gläsernes Puzzle wirkt, stammt vom isländischen Künstler Ólafur Elíasson. Angeblich sind alle Fassadenteile in Form und Größe unterschiedlich. Symbol- und sehr farbkräftig wurden die vier Konzertsäle gestaltet:»Eldborg« ist rot und steht für den Krater eines Vulkans, »Silfurberg« ist silbergrau wie ein doppelbrechender Kalkspat, »Norðurljós« ist blauviolett wie das Polarlicht und »Kaldalón« goldgelb wie eine eiskalte Bucht in den Westfjorden.

Austurbakki 2 | www.harpa.is | Juni–Sept. tgl. 9–22, Okt.–Mai 10–22 Uhr

⑪ SÓLFAR

Keine der Skulpturen Reykjavíks wird so häufig fotografiert wie der»Sonnenfahrer« von Jón Gunnar Árnason, ein skelettartiges, an ein Wikingerschiff erinnerndes Gebilde aus Metall.

Sæbraut, zw. Harpa und Höfði

⑫ LISTASAFN EINARS JÓNSSONAR

Einar Jónsson (1874–1954) war der erste isländische Bildhauer, der international bekannt wurde. Das von ihm selbst entworfene, markante Gebäude neben der Hallgrímskirkja ist heute ein Museum. Im Innern sowie im Skulpturengarten sind seine eindringlichen, teils religiösen, teils mystischen Skulpturen aus Basalt, Marmor und Bronze zu sehen.

Eiriksgata 3 | Tel. 5 61 37 97 | www.lej.is | Di–So 10–17 Uhr | Eintritt 1000 ISK

⑬ HALLGRÍMSKIRKJA

Auf einem Hügel bildet die **Kirche** mit ihrem 75 m hohen Turm ein weithin sichtbares Wahrzeichen. Das 1986 zur 200-Jahr-Feier der Stadt eingeweihte Gotteshaus ist nach dem Pfarrer und Dichter Hallgrímur Pétursson (1614–1674) benannt. Wie bei protestantischen Gotteshäusern üblich, ist der Innenraum hell und schlicht.

Die Vorderseite der Kirche bildet eine Reihe schlanker Betonsäulen, die vulkanischen Säulenbasalt darstellen sollen, ihre weiße Farbe ähnelt Gletschereis. Vor dem Eingang der Kirche erinnert auf einer Säule Leifur Eiríkssons Skulptur daran, dass er Amerika schon rund 500 Jahre vor Kolumbus entdeckt hat. Die Fahrt mit dem Lift in den Glockenturm gewährt einen besonders schönen Ausblick auf die gesamte Stadt, an klaren Tagen auch weit bis ins Land hinein.

Skólavörðustígur 101 | www.hallgrimskirkja.is | Kirche und Turm Mai–Sept. tgl. 9–21, Okt.–April 9–17 Uhr | Eintritt Turm 1000 ISK

⑭ HÖFÐI

In dem kleinen frei stehenden, repräsentativen weißen **Holzhaus** fand 1986 das legendäre Treffen von Ronald Reagan und Michail Gorbatschow statt, das praktisch den Kalten Krieg beendete. 1909 für einen französischen Konsul errichtet, nutzt die Stadt heute das Gebäude für Empfänge.

Borgartún | nur von außen zu besichtigen

⑮ PERLAN

Die fünf Warmwasserspeicher, die auf einem Hügel über der Stadt thronen, beherbergen zwei interessante **Ausstellungen**. Eine widmet sich dem Themenkomplex Naturgewalten bzw. Vulkanen, geothermischer Energie und Erdbeben, die andere befasst sich mit Gletschern und Eishöhlen. Das **Planetarium** lädt außerdem zum Erleben des Nachthimmels über Island ein, vor allem der Aurora borealis, der Polarlichter. Ein Dreh-Restaurant in der Kuppel rundet das Angebot buchstäblich ab.

Öskjuhlíð | Tel. 5 66 90 00 | www.perlan.is | tgl. 9–22 Uhr | Eintritt ab 3990 ISK, Kombiticket 4490 ISK

⑯ VIÐEY

Ein besonderes, noch wenig besuchtes Ziel direkt vor Reykjavík ist die **Insel** Viðey. Vom Hafen aus im Sommer leicht mit der Fähre erreichbar, bietet Viðey einen faszinierenden Einblick in die Natur, Geschichte, Kunst und Kultur des Landes. Hier steht der berühmte Imagine Peace Tower von Yoko Ono, eine

Reykjavík schrieb Geschichte, als Ronald Reagan und Michail Gorbatschow 1986 in Höfði zu Abrüstungsgesprächen zusammenkamen.

Lichtinstallation, die jedes Jahr vom 9.10. bis 8.12. sowie an weiteren ausgewählten Daten zu sehen ist (→ S. 224). Im Winter werden geführte Imagine-Peace-Tower-Touren angeboten.

Abfahrt der Fähre im Sommer ab Hafen, altem Hafen und Harpa, Fahrplan s. Webseite | www.reykjavikcitymuseum.is/videy-island | 1600 ISK

⑰ ÁRBÆJARSAFN

Der **Grassodenhof Árbær**, dessen Anfänge bis ins 15. Jh. zurückreichen, bildet den Kern des Freilichtmuseums, 8 km östlich des Zentrums. Ergänzt wurde der Hof durch historische Gebäude aus ganz Island, die zerlegt und hier wieder aufgebaut wurden. Zu sehen sind eine Kirche, Ställe, Scheunen, Schmieden und Bootshäuser, die einen guten Eindruck des damaligen Lebens vermitteln. Im Sommer werden in Werkstätten wie der Druckerei und der Buchbinderei alte Handwerke vorgeführt. Restaurant, Kramladen, Sonderausstellungen und Familienangebote sorgen dafür, dass keine Langeweile aufkommt.

Kistuhylur 4 | Tel. 4 11 63 00 | www.reykjavikcitymuseum.is | Juni–Aug. tgl. 10–17, sonst nur geführte Touren tgl. 13 Uhr | Eintritt 1740 ISK

Noch relativ jung ist das 2013 eröffnete Apartmenthotel Black Pearl, dessen klare Formensprache im Innern mit modernem Design fortsetzt wird.

Übernachten

① *Luxus in alter Hülle*
VAKTAHOUSE

Das kleine Ferienhaus liegt in einem alten zentrumsnahen Stadtteil Reykjavíks und ist umgeben von einem kleinen Garten und anderen Häusern des letzten Jahrhunderts. Die Besitzer haben das ehemalige Lagerhaus behutsam umgebaut, die Vergangenheit geschickt mit der Gegenwart und alte Bausubstanz mit modernem isländischen Design und Komfort verbunden. Kostenlose Leihfahrräder.

Garðastræti 23 | www.vaktahouse. is | Ferienhaus für 4 Pers. inkl. Mietauto | €€€

② *Kühle Eleganz*
BLACK PEARL

Nah am Zentrum und dem Hafen gelegen, fällt das Black Pearl durch seine geradlinige Architektur aus dunklem Basalt auf. Das Haus bietet unterschiedliche Unterbringung, vom Doppelzimmer bis zum Penthouse. Das Frühstück (auf Wunsch) wird auf dem Zimmer serviert.

Tryggvagata 18a | Tel. 5 72 96 00 | www.blackpearlreykjavik.com | 16 Suiten | €€€€

③ *Traditionshaus*
HÓTEL BORG

Durch die Komplettsanierung vor einigen Jahren hat der Art-déco-Charme des

Traditionshotels im Zentrum zwar etwas gelitten, an seine Stelle ist aber gediegene Eleganz getreten. Die Zimmer sind in Braun, Schwarz und Creme gehalten.

Posthusstraeti 11 | Tel. 5 51 14 40 | www.keahotels.is | 99 Zimmer | €€€

④ *Mehr als ein Bett*
KEX HOSTEL

Besonders bei jungen Leuten beliebt ist das quirlige Kex Hostel nahe dem Zentrum in einer ehemaligen Keksfabrik. Hier werden nicht nur Unterkünfte vom Schlafsaal bis zum Doppelzimmer angeboten, im dazugehörigen Pub finden regelmäßig Konzerte oder Kunstevents statt, und es gibt gute kleine Gerichte.

Skúlagata 28 | Tel. 5 61 60 60 | www.kexhostel.is | €–€€

⑤ *Isländisches Design in ruhiger Umgebung*
GISTIHEIMILIÐ EYVINDARHOLT

Abseits der geschäftigen Stadtmitte hat die Architektin Sigríður Ólafsdóttir auf der Halbinsel Álftanes in unmittelbarer Nähe zu Bessastaðir, Sitz des isländischen Präsidenten, ein Haus entworfen und in den letzten Jahren zu

Apartments der gehobenen Klasse umgestaltet. Im Haus finden sich viel isländisches Design, Kunst und Handwerk.

Eyvindarholt 1, Álftanes | Tel. 8 23 15 46 | www.eyvindarholt.com | 3 Apartments | €€€

Essen und Trinken

⑥ *Isländische Vielfalt*
GRANDI MATHÖLL

In der Foodhall am alten Hafen kann man sich durch die Vielfalt isländischer Gerichte probieren. Ob Lammgerichte in modern-frischer Aufmachung im **Fjárhusið**, frischer Fisch im **Lax** oder vegane Küche beim **Spes kitchen**, um nur drei zu nennen.

Grandagarður 16 | Tel. 7 87 62 00 | grandimatholl.is | So–Do 11–21, Fr–So 11–22 Uhr | €€–€€€

⑦ *Für zwischendurch*
KAFFIVAGNINN

Hierher kommen die Einheimischen vor allem zum Lunch, für einen Salat, ein Sandwich mit Krabben oder einen frischen Fisch. Mit Blick auf den Hafen gibt es aber auch Kaffee und Kuchen.

Grandagarður 10 | Tel. 5 51 59 32 | Mo–Fr 7.30–18, Sa, So 9.30 bis 18 Uhr | €

⑧ *Neues wagen*
MATUR OG DRYKKUR
Das Matur og Drykkur (dt. »Essen und Trinken«) in einer alten Fischfabrik kombiniert traditionelle Zutaten ganz unerschrocken mit einer frechen isländischen Küche.
Grandagarður 2 | Tel. 5 71 88 77 | www.maturogdrykkur.is | Mi–So 17–23 Uhr | €€€

⑨ *Hamburger auf Isländisch*
HAMBORGARA-BÚLLAN TÓMASAR
Im Jahr 2009 machte der letzte McDonald's in Island zu, denn die Isländer können Hamburger sehr viel besser: frische Zutaten aus heimischer Produktion, mutige Kombinationen, feine Preise.
Geirsgata 1 | Tel. 5 11 18 88 | tgl. 11–22 Uhr | www.tommis.is | €

⑩ *Fisch frisch*
SÆGREIFINN
Der »Seebaron« am Alten Hafen ist mittlerweile eine Institution. Nicht nur wegen der Fischsuppe, die immer noch nach dem Rezept des Gründers zubereitet wird. Den Fisch sucht man sich an der Kühltheke aus, danach kommt er direkt auf den Grill. Frischer und günstiger ist kaum möglich.
Geirsgata 8 | Tel. 5 53 15 00 | www.saegreifinn.is | tgl. 11.30–22 Uhr | €

⑪ *Schön und gut*
CAFÉ PARIS
Hier sitzt man mitten im Geschehen, im Sommer auch gerne draußen mit Blick auf das Parlament. Die kleinen Gerichte werden optisch sehr ansprechend präsentiert.
Austurstræti 14 | Tel. 5 51 10 20 | www.cafeparis.is | tgl. 8.30 bis 18 Uhr | €€–€€€

⑫ *Echt isländisch*
CAFÉ LOKI
Auf der Speisekarte des Cafés gleich neben der Hallgrímskirkja steht überwiegend Traditionelles wie *Plokkfiskur* (gekochter Fisch in Stampfkartoffeln), *Hángikjöt* (geräuchertes Lamm) und sogar *Hákarl* (fermentierter Hai). Köstlich ist die Skyr-Torte mit Rhabarbermarmelade.
Lokastígur 28 | Tel. 4 66 28 28 | www.loki.is | tgl. 8–22 Uhr | €€

Einkaufen

Eine Konzentration von Läden findet sich zwischen Hallgrímskirkja und altem

Im familienbetriebenen Café Loki sitzt man in direkter Nachbarschaft zur Hallgrímskirkja und kann traditionelle isländische Speisen genießen.

Hafen. Auf der bekanntesten Einkaufsstraße, dem **Laugavegur**, wird zwischen den Touristenläden auch hochwertige Design- und Handwerkskunst angeboten.

⑬ *Ein Haus voller Kunst*
KIRSUBERJATRÉÐ
Gemeinsames Geschäft von rund einem Dutzend Designerinnen, die von ungewöhnlichen Taschen über Glas und Keramik bis hin zu Kleidung Hochwertiges anbieten.
Vesturgata 4 | Tel. 5 62 89 90 | www.kirs.is | Mo–Fr 10–18, Sa 10–17 Uhr

⑭ *Was zum Stöbern*
KOLAPORTIÐ
Auf Islands größtem **Flohmarkt** am alten Hafen findet man neben Secondhand-Ware

auch kulinarische Spezialitäten wie Hai und Trockenfisch.
Tryggvagata 19 | www.kolaportid.is | Sa, So 11–17 Uhr

⑮ *Glänzende Kunst*
AURUM
Goldschmiedekunst, von isländischer Landschaft und den Elementen inspiriert. Gúðbjörg entwirft eigene Serien, mit außergewöhnlichen Elementen und Materialien.
Bankastræti 4 | Tel. 5 51 27 70 | www.aurum.is | Mo–Fr 10–18, im Sommer bis 22 Uhr, Sa, So wechselnd

⑯ *Für Bücherwürmer*
PENNINN EYMUNDSSON
Wer Bücher liebt, wird bei Penninn Eymundsson fündig. Hier gibt es neben den

VIGDÍS FINNBOGADÓTTIR

Die erste Präsidentin Islands

Die 1930 in einen gutbürgerlichen Reykjavíker Haushalt geborene Vigdís Finnbogadóttir studierte unter anderem französische Literatur an der Sorbonne und Sprachen in Skandi-
navien. Als **erste Alleinerziehende** in Island adoptierte sie ein
Kind und als erste Frau bewarb sie sich 1980 um das isländische Präsidentenamt. Zu jener Zeit war sie als **Französisch-
lehrerin** im Fernsehen und als **Theaterdirektorin** eines Vor-
läufers des heutigen Stadttheaters Reykjavík, Borgarleikhús,
bereits landesbekannt. Politisch unerfahren, war sie jedoch im
Gegensatz zu ihren drei männlichen Konkurrenten gender-
betonter Kritik und Häme ausgesetzt.

Am 29. Juni 1980 wurde sie dann als erste Frau der Welt in
einer demokratischen, direkten Wahl ins Präsidentenamt gewählt. Sie bekleidete dieses **16 Jahre**, über vier Amtsperioden.

In Island herrscht allgemeine Zufriedenheit mit der **kultur-
orientierten Präsidentin**, die sich vor allem dem Schutz kleiner Sprachgesellschaften verschrieb. Sie fiel auf internationa-
lem Parkett durch Eleganz, Klugheit und Charme auf und
setzte sich für eine friedliche Welt der Gleichberechtigung ein.
In ihrer Funktion als Präsidentin, per Definition fern des harten politischen Alltags angesiedelt, waren ihr Aufforstung und
Schutz vor Erosion, Fragen der Jugend und nicht zuletzt die
isländische Sprache zentrale Anliegen.

Nach ihrem Rückzug vom Amt im Jahr 1996 setzte sich
Vigdís Finnbogadóttir öffentlich für den Umwelt- und Natur-
schutz ein. Ihr wichtigstes Werk aber ist die **Gründung der
Abteilung für ausländische Sprachen** an der Universität von
Reykjavík im Jahr 2001 (Stofnun Vigdísar Finnbogadóttur í
erlendum tungumálum).

Die weltläufige, hochgebildete, friedensbetonte und wenn
nötig auch schlagfertige erste Präsidentin Islands gilt heute als
Vorbild in einem Land, das inzwischen den ersten Platz internationaler Statistiken in Fragen der Gleichberechtigung belegt.

Neuerscheinungen der isländischen Verlage auch fremdsprachige Literatur, dazu vieles zu Land und Leuten. Im angeschlossenen Café mit freiem WLAN kann man ausgiebig in den neu erworbenen Schätzen schmökern.

Skólavörðustígur 11 | Tel. 5 40 23 50 | Mo–Fr 9–19, Sa, So 10–19 Uhr

⑰ Ein Laden für die Musik
TÓLF TÓNAR

Islands sehr lebendige Musikszene präsentiert sich im unabhängigen, sehr freundlichen Musikladen auf dem Skólavörðustígur im Herzen Reykjavíks auf zwei Stockwerken.

Skólavörðustígur 15 | Tel. 5 11 56 56 | www.12tonar.is | Mo–Sa 10–18, So 12–18 Uhr, im Sommer immer bis 20 Uhr

⑱ Starke Gemeinschaft
HANDPRJÓNASAMBAND ÍSLANDS

Rund 200 Frauen haben sich zur Kooperative der isländischen Strickerinnen zusammengeschlossen und vermarkten ihre handgefertigte Ware gemeinsam. Nirgendwo sonst gibt es eine solch große Auswahl an Islandpullovern. Natürlich gibt es auch eine gute Auswahl an Mützen, Schals und Handschuhen. Und wer lieber selbst stricken möchte, findet hier garantiert die passende Wolle.

Skólavörðustígur 19 | Tel. 5 52 18 90 | www.handknitted.is | Mo–Sa 9–18, So 10–18 Uhr

Abendgestaltung

⑲ Buntes Vergnügen
GAUKURINN

Im Gaukurinn geht es bunt zu: Drag Shows, Stand-up-Comedy, Karaokepartys begeistern das vorwiegend junge Publikum; es geht laut und hoch her, vor allem am Wochenende. Das Gaukurinn beherbergt auch ein veganes Restaurant, das Veganæs.

Tryggvagata 22 | Tel. 9 58 02 12 | www.gaukurinn.is | tgl. ab 14 Uhr

⑳ Die Bar zum Film
LEBOWSKI BAR

Wer den Film »The Big Lebowski« gut fand, fühlt sich hier mit Sicherheit wohl. Amerikanisch gestylt bis ins Detail und mindestens ein Dutzend »White Russians« zur Auswahl – das Lieblingsgetränk vom Dude.

Laugavegur 20a | So–Do 11.30–1, Fr, Sa bis 4 Uhr

㉑ *Bühne frei*
BORGARLEIKHÚS

Neben in- und ausländischen Stücken und rund einem Dutzend Neuproduktionen im Jahr bringt das älteste und gleichzeitig publikumsstärkste isländische Theater auch Vorstellungen der Icelandic Dance Company auf die Bühne.

Listabraut 3 | Tel. 5 68 80 00 (Tickets) | www.borgarleikhus.is | im Juli und Aug. Theaterferien

Aktivitäten

㉒ *Auf Tuchfühlung mit Riesensäugern*
ELDING

Neben anderen Unternehmen, alle am alten Hafen beheimatet, bietet auch Elding Walbeobachtungstouren und weitere Ausflüge an. Die Touren führen hinaus in den Faxaflói (Bucht zwischen Reykjavík und Snæfellsnes).

Ægisgarður 5-7 | Tel. 5 19 50 00 | www.elding.is | ab 10 900 ISK

㉓ *Kulinarisch unterwegs*
FOODWALK REYKJAVÍK

Wer Lust hat, sich in drei bis vier Stunden durch die Küchen Islands zu probieren und dabei auch Wissenswertes über Land und Leute zu erfahren, sollte sich dem Foodwalk anschließen.

www.thereykjavikfoodwalk.com | ab 13 900 ISK

㉔ *Sportangebot*
LAUGARDALUR

Das Laugardalur (»Tal der heißen Quellen«) bietet vielfältige Sport- und Freizeitmöglichkeiten, u. a. das größte Schwimmbad der Stadt, Laugardalslaug, mit 50-Meter-Becken, Hot Pots, Whirlpool, Dampfbad, Solarium und einer großen Wasserrutschbahn. In der Umgebung gibt es gute Trimm- und Spazierwege, im Winter Loipen zum Skilanglauf, und auch der Zoo und der Botanische Garten sind hier angesiedelt. Weitere Schwimmbäder in und um Reykjavík: www.swimmingInIceland.com.

Schwimmbad: Sundlaugavegur | Tel. 4 11 51 00 | Mo–Fr 6.30–22, Sa, So 8–22 Uhr | Eintritt 1030 ISK

㉕ *Ans Meer*
NAUTHÓLSVÍK

Wenn das Meer nicht warm genug zum Baden ist, muss man einfach nur heißes Wasser einleiten. Karibik-Feeling kommt – trotz Sandstrand –

in der kleinen Bucht Nauthólsvík trotzdem nicht so recht auf bei Wassertemperaturen zwischen 15 und 20 °C. Aber zum Aufwärmen gibt es ja den Hot Pot.

Nauthólsvegur | www.nautholsvik. is | Di–Do 11–19, Sa 11–16 Uhr

Service

㉖ *Auskunft*
TOURISTEN-INFORMATION

Tjarnargata 11 | Tel. 4 11 60 00 | www.visitreykjavik.is | Mo–Fr 8–18, Sa 10–18, So 12–18 Uhr

MOSFELLSBÆR C5

11 500 Einwohner

Durch den wachsenden Bedarf an Wohnungen im Großraum Reykjavík hat sich Mosfellsbær rasant entwickelt. Abseits der reinen Wohnlandschaft gibt es rund um den Ort etliche gut ausgebaute und markierte Wanderwege, vor allem ins **Mosfellsdalur**. Der schönste, aber zugleich auch anstrengendste führt hinauf zum 4 km entfernten **Esja-Massiv**. Für diese Wanderung benötigt man Kondition und Erfahrung und ein entsprechendes Timing das Wetter betreffend.

Angeregt durch die Schilderungen in der »Egils saga« fand man 2008 die Reste eines wikingerzeitlichen Gehöfts, das **Langhaus von Hrísbrú** (frei zugänglich).

Sehenswertes

GLJÚFRASTEINN

In dem weißen Haus außerhalb des Ortszentrums verbrachte der Nobelpreisträger Halldór Laxness fast sein ganzes Leben. Das **Laxness-Museum** ist noch mit dem Originalmobiliar eingerichtet. Sein Arbeitszimmer mit dem Stehpult, die umfangreiche Bibliothek, die Antiquitäten: Alles ist noch wie zu seinen Lebzeiten. Vor dem Haus steht sein weißer Jaguar, gepflegt und fahrbereit, und selbst der Pool im Garten ist voller Wasser. Mit Audioguide ein sehr lohnender Besuch.

Gljúfrasteinn | Tel. 5 86 80 66 | www.gljufrasteinn.is | Juni–Aug. tgl. 9–17, Sept.–Mai Di–Fr 10–16 Uhr | Eintritt 1200 ISK

Einkaufen

Alles aus Wolle
ÁLAFOSS

1896 begann an diesem Ort die maschinelle Wollverarbeitung, der nahe Wasserfall Álafoss trieb damals die Maschinen an. Heute gibt es hier einen großen Laden mit Wollprodukten – Pullover, Mützen, Handschuhe, Schals, dazu mollig warme Wolldecken und Hausschuhe aus Lammfell – sowie Souvenirs, eine Galerie und ein Restaurant. Wer selber stricken möchte, findet eine große Wollauswahl und Bücher mit Mustervorlagen für einen echten isländischen *lopapeysa*. Eine kleinere Filiale befindet sich in Reykjavík (Laugavegur 8).

Álafossvegur 23 | Tel. 5 66 63 03 | www.alafoss.is | tgl. 8–20 Uhr

Scharfes aus Stahl
KNIFEMAKER

An gleichem Ort wie der Wollverkauf stellt Palli seine wunderbaren Messer her. Aus feinem Stahl und einheimischen Materialen wie Schafhorn, Rentierknochen oder heimischen Hölzern entstehen kleine Kostbarkeiten für den täglichen Gebrauch.

Álafossvegur 29 | Tel. 8 99 69 03 | www.knifemaker.is | Mo–Fr 9–17, Sa 9–16 Uhr

HAFNARFJÖRÐUR C5

30 000 Einwohner

Der Ort liegt an einer hufeisenförmigen Bucht und besitzt einen der **größten Häfen** des Landes. Die Isländer nennen Hafnarfjörður »Stadt in der Lava«, denn sie breitet sich auf einem rund 8000 Jahre alten **Lavafeld** aus. In der Lava sollen unzählige **Elfen und Feen** leben.

Größtes Ereignis ist das alljährliche **Wikingerfest** Mitte Juni rund um den isländischen Nationalfeiertag im Stadtpark Viðistaðatún. In diesen Tagen kann man Handwerkern beim Schnitzen und Steineschleifen über die Schultern schauen, von Geschichtenerzählern eine der Sagas vorgetragen bekommen oder über Kampfvorführungen mit Schildern und Speeren staunen.

In der **Altstadt** entdeckt man rund um den Hellisgerðipark viele schöne Wellblechhäuser, direkt in die Lava gebaut.

Darstellung von Hafnarfjörður aus dem späten 18. Jahrhundert. Die Lage machte den Ort schnell zu einem wichtigen Handelsplatz, den auch die Hanse anlief.

Übernachten

Themenhotel
HÓTEL VIKING

Vor der Tür die Stabkirche und der Runenstein, drinnen rustikale Kunst mit Wikinger-motiven. Auch das Personal trägt entsprechendes Outfit. Strandgata 55 | Tel. 5 65 12 13 | www.fjorukrain.is | 42 Zimmer, 14 Hütten für bis zu 6 Pers. | €€

Essen und Trinken

Kaffee und Kuchen
SÚFISTINN KAFFIHÚS

Fast ganz unter Isländern genießt man hier kleine Gerichte und wunderbare Kuchen, im Sommer sitzt man auch entspannt draußen. Der aro-matische Kaffee kommt aus der hauseigenen Rösterei. Die Webseite gibt es bislang leider nur auf Isländisch. Strandgata 9 | Tel. 5 65 37 40 | www.sufistinn.is | Mo–Do 8.15–23, Fr 8–23, Sa 10–23, So 11–23 Uhr | €€

Aktivitäten

Der Draht zu den Elfen
HIDDEN WORLD WALK

Hafnarfjörður ist die Stadt der Elfen. Sigurbjörg Karls-dóttir hat einen guten Draht zu ihnen und weiß, wo und wie sie leben. Gerne nimmt sie Touristen auf einen rund zweistündigen Elfenspazier-gang mit und erzählt dabei viele nette Geschichten. Am

Wenn Elfen umziehen

Es ist ein riesiger Unterschied, ob die **unsichtbaren Elfen**, die gern in Felsen oder Findlingen leben, umgezogen werden oder einfach selbst umziehen. Im ersten Fall geht die Stadt- oder Wegeplanung davon aus, dass dort, wo die Elfen nach landläufiger Überlieferung leben, etwas gebaut werden soll. Dann kann es zu **Kollisionen zwischen Sichtbaren und Unsichtbaren** kommen, die gelegentlich mit einer Schlichtung enden, wobei die Elfenbehausung an eine von der Planung nicht betroffene Stelle versetzt oder einfach umschifft wird. Im anderen Fall aber wechseln die Unsichtbaren ihre Wohnstatt, weil es bei ihnen so Sitte ist – beispielsweise zur Neujahrsnacht. Augenzeugen längst vergangener Jahrhunderte konnten beobachten, wie ein ganzer Zug mit elegant gekleideten Elfen auf stolzen Pferden in einer Schlucht und schließlich in den Felsen, der neuen Wohnung, verschwand. Wer sich zum Zeitpunkt des Umzugs beabsichtigt oder aus Versehen auf dem Weg der Elfen befindet, läuft Gefahr, auf Nimmerwiedersehen mitgenommen, im besten Fall verrückt zu werden.

Mit großen Feuern werden die unsichtbaren Geister am 6. Januar, dem Ende der isländischen Weihnachtszeit, verabschiedet. Dieser alte Brauch heißt *Álfabrenna*, das **Elfenfeuer**, und findet in zahlreichen Ortschaften statt. Mit den Unsichtbaren zieht sich an diesem Tag auch der letzte der 13 Weihnachtskerle wieder in seine raue Bergheimat zurück.

Das *Huldufólk*, **die Verborgenen**, wie die Elfen auch genannt werden, ist den Menschen manchmal gewogen, meist jedoch wollen sie nur in Notfällen, wie bei einer schwierigen Geburt, mit den Sichtbaren zu schaffen haben. Wer sich dann erbarmt und dem Elfennotruf nachkommt und in den Felsen geht, darf mit Dankbarkeit rechnen, sollte aber unbedingt einen persönlichen Gegenstand vor dem Eingang zurücklassen – eine Mütze beispielsweise oder einen Handschuh. Nur so ist die Rückkehr in die Welt der Menschen gewährleistet.

Ende bekommt man sogar eine Karte der »Verborgenen Welt«. Der Treffpunkt ist an der Touristeninformation.
Strandgata 6 | Tel. 6 94 27 85 | www.alfar.is | Di, Fr 14.30 Uhr im Sommer, sonst auf Anfrage | 4500 ISK

Service

Auskunft
TOURISTEN-INFORMATION
Strandgata 6 | Tel. 5 85 55 00 | www.visithafnarfjordur.is | Mo–Fr 8–16 Uhr

REYKJANESBÆR B5

18 920 Einwohner

Reykjanesbær ist ein Zusammenschluss von vier Gemeinden: **Keflavík**, **Njarðvík**, **Hafnir** und **Vallarheiði**. Die Grenzen sind fließend, das Stadtbild ist modern und geprägt von Zweckmäßigkeit. Nur im Zentrum von Keflavík gibt es einen kleinen alten Stadtkern mit schönen Wellblechhäusern.

Sehenswertes

ROKKSAFN ÍSLANDS

Hinter dem Namen verbirgt sich Islands einziges **Rock-'n'-Roll-Museum**. Hier wird die Geschichte von Berühmtheiten wie den Sugarcubes, Björk und Sigur Rós erzählt. Aber auch Interpreten wie Trúbrot, die außerhalb Islands kaum bekannt sind, lernt man hier kennen. Es gibt viele interaktive Stationen.
Hjallavegur 2 | Tel. 4 20 10 30 | www.rokksafn.is | tgl. 11–18 Uhr | Eintritt 1500 ISK

VÍKINGAHEIMAR

Im Mittelpunkt der Ausstellung steht vor allem das Schiff »Íslendigur«, eine exakte Replik des Gokstadschiffes aus der Wikingerzeit. Mit ihm segelten im Jahr 2000 neun Isländer mit einem Zwischenstopp in Grönland bis nach Amerika als Tribut an die Entdecker der Neuen Welt 1000 Jahre zuvor.
Víkingabraut 1 | Tel. 4 22 20 00 | www.vikingworld.is | April–Dez. tgl. 7–18, Jan.–März 10–16 Uhr | Eintritt 1500 ISK

Im modernen Bau des Víkingaheimar (s. S. 83) können Besucher Interessantes über die Kultur der Wikinger erfahren und ein imposantes Schiff bestaunen.

DUUS SAFNAHÚS

Das **Museum** direkt am Meer zeigt Kunst und Kultur. In einer der fünf Ausstellungshallen kann man über hundert Schiffsmodelle bewundern, die von dem früheren Skipper Grímur Karlsson gebaut wurden, in einer anderen wechselnde Ausstellungen lokaler Künstler und Designer.

Duusgata 2-8 | Tel. 4 20 32 45 | https://sofn.reykjanesbaer.is/duushus | tgl. 12–17 Uhr | Eintritt 1000 ISK

Übernachten

Aus Liebe zur Umwelt
GUESTHOUSE 1X6

Das Haus nahe dem alten Stadtteil von Keflavík wurde komplett mit recyceltem Material und Treibholz vom Künstler Daníel Hjörtur eingerichtet, im Garten kann man in einem großen Hot Pot aus Natursteinen entspannen. Das Frühstück (auf Wunsch) ist außergewöhnlich und zum großen Teil aus Bioanbau, die Gastgeber Andi und Yuki achten im ganzen Haus auf einen möglichst umweltfreundlichen Umgang mit Materialien und Ressourcen.

Vesturbraut 3 | Tel. 8 57 15 89 | www.1x6.is | 6 Zimmer | €€

Essen und Trinken

Kaffee mit Aussicht
KAFFI DUUS

Im gleichen Gebäude wie das Duus-Museum sitzt man mit Blick auf den Hafen und das Meer in maritimem Ambiente. Fangfrischer Fisch, aber auch die indische Küche sind hier die Spezialitäten.

Duusgata 12 | Tel. 4 21 70 80 | www.duus.is | tgl. 11–14, 17 bis 21 Uhr | €€€

MERIAN EMPFEHLUNG

GARÐUR B5

1511 Einwohner

Nur 10 km vom Flughafen entfernt liegt Garður. An der äußersten Landspitze, Gjögurtá, gibt es zwei interessante **Leuchttürme**, der ältere wurde im Jahr 1897 erbaut, der neuere von 1944 etwas weiter ins Land hinein, da die Erosion deutlich an der Küstenlinie nagt. Im Sommer und Herbst kann man hier die vielen verschiedenen Seevögel beobachten, die in der Nähe brüten oder sich im Herbst vor dem Flug in den Süden sammeln. Zwei große Informationstafeln helfen bei der Bestimmung.

Übernachten

Hotspot für Polarlichter
LIGHTHOUSE INN

Ganz ruhig in der Nähe der zwei Leuchttürme gelegen, bietet das Lighthouse Inn, im Blockhausstil erbaut, Doppel- und Familienzimmer, zum Teil behindertengerecht ausgebaut. Mit wenigen Schritten ist man vom Hotel aus am Meer für lange Spaziergänge am hellen Sandstrand oder auch nachts, um Polarlichter zu beobachten.

Norðurljósavegur 2 | Tel. 4 33 00 00 | www.lighthouseinn.is | 26 Zimmer | €€

Essen und Trinken

Sightseeing von der Terrasse
RÖSTINN

Das Restaurant im 1. Stock des Garðskagi-Museums direkt am neuen Leuchtturm serviert Burger, aber auch frischen Fisch und Lamm. Bei schönem Wetter sollte man unbedingt auf der Terrasse speisen, von dort aus hat man einen fantastischen Blick aufs Meer und bei klarer Sicht bis zum Snæfellsjökull.

Garðskagi | Tel. 4 22 72 20 | www. gardskagi.com | Sommer 12–20.30, Winter 18–21, Uhr | €€–€€€

⬤ IM VORBEIGEHEN ENTDECKT

PLANETENROUTE

Wenn man auf der Straße 425 zur Reykjanestá oder zum Hochthermalgebiet Gunnuhver fährt, fallen auf der Meeresseite der Straße immer wieder **Kugeln auf einem Betonklotz** auf. Wer anhält – ein kleiner Parkplatz bei jeder Kugel lädt dazu ein –, kann feststellen, dass es sich dabei um Darstellungen von Planeten handelt, die zu einem Planetenweg gehören.

REYKJANESVITI B5

Der **Leuchtturm** Reykjanesviti steht als perfektes Fotomotiv auf einem Vulkanhügel mit toller Aussicht, und im Hintergrund dampft das **Geothermalgebiet Gunnuhver**, das man auf einem kurzen Spaziergang erkunden kann.

Vom Küstenplateau ist der **Vogelfelsen Eldey** bei gutem Wetter im Meer zu sehen. Er ragt ca. 21 km südwestlich der Halbinsel Reykjanes aus dem Meer. Der Felsen mit seinen bis zu 70 m hohen, steilen Klippen ist jedoch nicht für Besucher zugänglich, denn 1940 wurde Eldey (»Feuerinsel«) unter Naturschutz gestellt. Das Eiland war für den mittlerweile ausgestorbenen, flugunfähigen Riesenalk ein beliebter Brutplatz, und Island war einer seiner letzten Zufluchtsorte. Die weltweit letzten zwei Exemplare des bis zu 85 cm großen und 5 kg schweren Seevogels starben 1844 auf Eldey. Ein ausgestopftes Exemplar befindet sich heute im Isländischen Institut für Naturgeschichte in Reykjavík und eine Skulptur an den Klippen erinnert an die imposanten Vögel.

Ein paar Kilometer östlich hat die starke Brandung eine natürliche große Wanne im Gestein ausgespült, den **Brimketill** (»Brandungskessel«). Zum Baden ist das Wasser allerdings viel zu kalt und durch die oft gewaltigen Wellen viel zu gefährlich.

Von unwirtlicher Schönheit präsentiert sich die Landschaft im Südwesten der Halbinsel Reykjanes beim Leuchtturm Reykjanesviti.

GRINDAVÍK B5

3427 Einwohner

Grindavík besitzt einen der wenigen ausgebauten Häfen an der Südküste. Jedem Islandreisenden bekannt dürfte die zur Stadt gehörende **Bláa Lónið**, die Blaue Lagune, sein, doch hat Grindavík noch mehr zu bieten.

Vom Hafen aus führt ein Fußweg um die **Halbinsel Hopsnes** mit dem markanten orange-gelben **Leuchtturm**. Überall an der Küste liegen die Überreste von Schiffswracks, Infotafeln geben Auskunft über Namen, Herkunft und Strandungsdatum der Schiffe, die Opfer der gefährlichen Klippen im Meer wurden.

Grindavík ist auch eine gute Basis für eine Erkundung des ausgedehnten **Reykjanes UNESCO Global Geopark** (www. reykjanesgeopark.is). Erloschene und tätige Vulkane kennzeichnen die Halbinsel Reykjanes. Forschungen haben belegt, dass seit der Landnahme mindestens neun größere Lavaausbrüche stattgefunden haben – durchschnittlich einer pro Jahrhundert. Die Internetseite des Parks listet 55 Örtlichkeiten, die mit vulkanischen Aktivitäten und der Kontinentalverschiebung in Verbindung gebracht und besichtigt werden können.

Ein Rundweg führt über Bohlen durch das Geothermalgebiet Seltún, vorbei an blubbernden Schlammtöpfen und heißen Wasserläufen.

Übernachten

Hüttenzauber
HARBOUR VIEW

Zehn kleine Hütten für jeweils zwei Personen mit Fensterpanorama und voll ausgestatteter Küche. Am Hafen kann man fangfrischen Fisch kaufen …

Austurvegur 26b | Tel. 7 73 39 93 | www.harbourview.is | €€€

Aktivitäten

MERIAN TOP 10

Das pure Wohlbehagen
BLÁA LÓNIÐ

Zwischen dem Flughafen Keflavík und Grindavík liegt inmitten einer bizarren Vulkanlandschaft die Blaue Lagune. Ein Bad in dem herrlich warmen, milchig blauen und mineralienreichen See ist das ganze Jahr über ein wohltuendes Vergnügen. Doch zu einem ganz besonderen Erlebnis wird die Blaue Lagune, wenn das Wetter so richtig garstig ist, denn dann hüllen Dampfschwaden alles ein. Oft nur für Sekunden reißt der Wind Löcher in den weißen Vorhang und gibt einen schemenhaften Blick auf die Badenden frei. Trotz der stolzen Eintrittspreise kommen jedes Jahr mehr Besucher, sodass inzwischen eine On-

line-Buchung verpflichtend ist. Zum Angebot gehören noch Bar, Café, Restaurant, Shop mit Pflegeprodukten sowie ein Hotel.

Norðurljósavegur 9 | Tel. 4 20 88 00 | www.bluelagoon.com | Sept.–Mai tgl. 8–20, Juni–Aug. 8–22 Uhr | ab 38 € (tageszeitabhängig)

SELTÚN B/C5

Das Hochtemperaturgebiet bei **Krýsuvík** überrascht mit einer großen Farbenvielfalt, Minerale färben den Boden kräftig gelb, braun, rot und sogar grün, und dazwischen spucken Schlammtöpfe grauen Schlamm in die Höhe. Die Wege sind gut ausgebaut, sodass man nicht Gefahr läuft, in den fragilen Boden einzubrechen. Ein kleines Stückchen weiter leuchtet der **Grænavatn** in einem unbeschreiblichen Grün, vor allem an klaren Tagen. Dort beginnt auch ein Wanderweg zum etwa 5 km entfernten **Kleifarvatn**, einem dunklen See, der im Jahr 2000 etwa 20 % seiner Wassermasse bei einem Erdbeben verlor, das wahrscheinlich Spalten unter dem See erzeugt hatte, in die das Wasser abfließen konnte.

DER WESTEN

Der Westen

Der Norden
Das Hochland
Der Osten
Der Süden
Reykjavík und Umgebung

Als weithin sichtbare Landmarke erhebt sich der Vulkan Snæfellsjökull am Ende der weit ins Meer reichenden Halbinsel Snæfellsnes. In den Westfjorden beeindrucken tiefe Fjorde, helle Sandstrände und dunkle Tafelberge, die steil zum Meer hin abfallen.

Nördlich von Reykjavík ändert sich die Landschaft, die Böden werden fruchtbarer, und einige Buchten und Fjorde, die für zahlreiche natürliche Häfen sorgen, gliedern die Küstenlinie. Doch schon bald rücken die Ausläufer des Hochlands und des Gletschers Langjökull ins Blickfeld.

Rund 100 km schiebt sich die Halbinsel **Snæfellsnes** ins Meer. Den Abschluss der Bergkette, die sich über die gesamte Halbinsel zieht, bildet der **Snæfellsjökull**, ein seit 2000 Jahren ruhender Vulkan, der von einem Gletscher gekrönt wird.

Allgemeine Informationen über Westisland und die Westfjorde bieten die Webseiten www.west.is und www.westfjords.is

Die weite, inselübersäte Bucht **Breiðafjörður** trennt die Halbinsel Snæfellsnes von den Westfjorden. Nördlich der markanten Wespentaille, die durch die beiden Fjorde Gilsfjörður und Bitrufjörður gebildet wird, erstrecken sich die **Westfjorde**. Sie sind zusammen mit den Ostfjorden der geologisch älteste Teil der Insel, wegen der Entfernung zur Riftzone gibt es hier keine vulkanischen Aktivitäten mehr, nur vereinzelt treten noch warme Quellen an die Oberfläche. Die Küste der Westfjorde beeindruckt durch imposante, eiszeitlich geformte, teils weit ins Land ragende Fjorde mit steilen und schroffen Bergen aus dunklem Basalt. Immer wieder bieten sich hier Ausblicke auf einzigartige, denkbar einsame Landschaften.

Die Halbinsel Snæfellsnes mit dem Snaefellsjökul-Nationalpark und ihren island-typischen Landschaften wird auch gerne als »Miniatur-Island« bezeichnet.

AKRANES C4

7500 Einwohner

Akranes lebt von Fischfang und -verarbeitung. Auffällig sind die beiden Leuchttürme auf der Spitze der Halbinsel, zwischen ihnen erinnert eine moderne Skulptur an den Untergang des Schiffes »Hafmeyjan« im Jahr 1905. Akranes ist als Sportstadt bekannt, mit einem großen Zentrum nahe dem Strand **Langisandur**, wo das neue Thermalbad Guðlaug den Besuch lohnt.

Aufgrund der Besiedlungsgeschichte – laut Landnahmebuch siedelten hier als Erste zwei irische Brüder – fühlt man sich in Akranes Irland verbunden. Anfang Juli werden daher die »Írskir dagar«, die irischen Tage, gefeiert.

Sehenswertes

AKRANESVÍTI

Der neuere und größere der beiden **Leuchttürme** von Akranes kann besichtigt werden. Wer zur Aussichtsplattform hinaufsteigt, genießt einen weiten Blick über die Stadt. Im Innern des Turms sind Fotos und Gemälde lokaler Künstler ausgestellt. Hilmar, der sich um den Leuchtturm kümmert, erzählt Besu-

Der höhere der beiden Leuchttürme von Akranes (s. S. 91) wurde 1947 in Betrieb genommen, der kleinere dahinter stammt aus dem Jahr 1918.

chern gerne die Geschichten hinter den Bildern. Der ausgezeichneten Akustik sind die Konzerte zu verdanken, die immer wieder, vor allem im Sommer angeboten werden.

Breiðargata | Tel. 8 94 30 10 | tgl. 10–18 Uhr | Eintritt 400 ISK

BYGGÐASAFNIÐ GARÐAR AKRANES

Das große **Regionalmuseum** umfasst vier Abteilungen: die Stein- und Mineraliensammlung, das Sportmuseum, ein Museum zum Bau des Hvalfjörður-Tunnels sowie das Volksmuseum mit Schmiede, Schiffsmodellen, Schulgebäude und einem Küstensegler. Hier gibt es auch eine **Touristeninformation**.

Garðaholt 3 | Tel. 4 33 11 50 | www.museum.is | Mai–Sept. tgl. 10–17 Uhr, sonst auf Anfrage | Eintritt 800 ISK, unter 18 J. frei

Aktivitäten

Am Meer im heißen Wasser entspannen
LANGISANDUR

Am hellen Sandstrand tummeln sich nicht nur im Sommer die Bewohner von Akranes, um im Hot Pot Guðlaug sitzend die Aussicht aufs Meer zu genießen. Umkleiden und Duschen vor Ort.

Langisandur | Mai–Aug. Mo, Di, Do, Fr 12–20, Mi, Sa 10–18, So 10–20, Sept.–April Mi, Fr 16–20, Sa, So 10–18 Uhr | kostenlos

HVALFJÖRÐUR C4

Die um den Fjord führende Straße 47 wird seit 1998 durch einen knapp 6 km langen, als Teil der Ringstraße angelegten Tunnel unter dem »Walfjord« abgekürzt. Trotzdem lohnt sich der 60 km lange Umweg um den Fjord durch beeindruckende Landschaft bei weit weniger Verkehr. Im Fjordinnern bietet sich eine teils anspruchsvolle, rund dreistündige Wanderung zum 200 m hohen **Wasserfall Glymur** an.

In **Hlaðir** auf der Nordseite des Fjords gibt es ein nettes **Schwimmbad** und gleich daneben das **War and Peace Museum** (www.warandpeace.is), das über die Zeit der amerikanischen Besatzung 1940–1945 erzählt. Im angeschlossenen Café gibt es hausgebackenen Kuchen nach Großmutters Rezept.

Übernachten

Erholen am Fjord
HÓTEL GLYMUR

Die Aussicht auf den Fjord ist beeindruckend. Diese genießt man von den luxuriösen Zimmern über zwei Etagen, vom Restaurant und auch von den Hot Pots. Das ganze Hotel ist auch eine Galerie, die meisten Stücke haben die Inhaber von ihren zahlreichen Reisen mitgebracht. Noch individueller sind die sechs Themenpavillons mit eigenem Hot Pot. Wintergäste werden hier bei geeigneten Bedingungen kein Nordlicht verpassen, denn das Hotel bietet einen Weckservice. Hvalfjörður | Tel. 4 30 31 00 | www.hotelglymur.is | 22 Zimmer, 2 Suiten, 6 Pavillons | €€€–€€€€

BORGARNES C4

2000 Einwohner

Der moderne Ort auf einer Landspitze im Borgarfjörður ist durchaus geschichtsträchtig, denn vor rund 1000 Jahren war er Schauplatz der »**Egils saga**«. Viele Personen der Saga finden sich in Straßennamen wieder und wurden in bildhauerischen Denkmälern verewigt. Unter dem kleinen Hügel im Park Skallagrímsgarður hat man ein **Wikingergrab** gefunden, wahrscheinlich das von Egils Vater Skallagrímur.

Ein schöner ausgeschilderter Spaziergang führt am Meer entlang, mit immer neuen Ausblicken, unter anderem auf ein erhaltenes **Grassodengehöft**, das Hliðartúnshús.

Sehenswertes

LANDNÁMSSETUR

Im Erdgeschoss eines ehemaligen Lagerhauses, des Pakkhús, berichtet das **Landnahmezentrum** von der Landnahmezeit ab dem Jahr 874, warum Menschen damals Norwegen verließen und sich in Island niederließen. Im Untergeschoss erzählt die **Egill-Ausstellung** die abenteuerlichsten Geschichten aus dem Leben des Egill Skalla-Grímsson, dem Protagonisten einer der beliebtesten isländischen Sagas, der »Egils saga«.

Das helle, freundliche Restaurant im Landnahmezentrum ist vor allem mittags eine gute Empfehlung. Das Wellnessbuffet bietet für einen günstigen Preis eine große Auswahl frischer vegetarischer Gerichte und Salate.

Brákarbraut 13-15 | Tel. 4 37 16 00 | www.landnam.is | tgl. 10–21 Uhr | Eintritt für beide Ausstellungen 2500 ISK

Essen und Trinken

Leckeres zwischen Blumen
KAFFI KYRRÐ

Im Blumengeschäft, nicht gleich erkennbar, befindet sich auch ein bezauberndes kleines Café, das an Großmutters gute Stube erinnert. Dort lässt es sich auch mal an einem Regentag in einer gemütlichen Ecke gut aushalten.

Skúlagata 13-15 | Tel. 4 37 18 78 | www.blomasetrid.is | €€

 MERIAN EMPFEHLUNG

HVANNEYRI C4

307 Einwohner

Kurz hinter Borgarnes, am Ufer der Hvítá gelegen, lohnt ein Abstecher in die kleine Ortschaft Hvanneyri, Sitz der Landwirtschaftlichen Hochschule, die auch vermehrt von ausländischen Studenten besucht wird. Das kleine **Museum** präsentiert

In den kleinen Ort Borgarnes (s. S. 93), der schon seit Landnahmezeit besiedelt ist, führt von Süden eine über 500 Meter lange Brücke, die Borgarfjarðarbrú.

Traktoren und landwirtschaftliche Geräte des vergangenen Jahrhunderts, der angeschlossene **Wollladen** bietet Kurse an und verkauft hochwertige isländische Wollprodukte.
Hvanneyri | Tel. 8 44 77 40 | www.landbunadarsafn.is | Juni–Aug. tgl. 11–17 Uhr | Eintritt 1200 ISK

REYKHOLT   C4

300 Einwohner

Noch einiges zeugt bis heute davon, dass Reykholt im Mittelalter einer der wichtigsten Orte Islands war. Hier lebte um das Jahr 1200 Snorri Sturluson, mächtigster Mann seiner Zeit, der mit der »Heimskringla« eine detaillierte historische Analyse verfasste. Eine Statue von Gustav Vigeland vor der Schule erinnert an ihn. Bemerkenswert ist das rekonstruierte runde Badebecken, das als erster Hot Pot Islands gilt. Zu sehen ist auch ein Tunnel zwischen Hot Pot und Haus. Im **Mittelalterzentrum Snorrastofa** (www.snorrastofa.is, Eintritt 1500 ISK) erfährt man alles über Snorri und seine Zeit.

Der lange, weite Weg der Handschriften

Der im Jahr 1663 in Westisland geborene Pastorensohn Árni Magnússon wirkte seit seinem 20. Lebensjahr in Kopenhagen als Archivar, später als Professor an der dortigen Universität. Während seiner Ausbildung verbrachte er die Jahre 1694 bis 1696 in Deutschland. Er genoss die Achtung des dänischen Monarchen, und als diesem im ausklingenden 17. Jahrhundert die drastische Notlage Islands – Hunger, bittere Armut, Seuchen und Naturkatastrophen – zu Ohren gekommen war, bildete er ein Team aus zwei des Isländischen mächtigen Sachkundigen, um den Dingen auf den Grund zu gehen und die unterstellte Misswirtschaft des Statthalters in Bessastaðir zu prüfen. In der Folge bereisten Árni Magnússon und der Rechtsgelehrte Páll Vídalín zwischen 1701 und 1702 die ganze Insel, registrierten Ländereien, Besitztümer sowie Bewohner und deren Lebensumstände und führten schließlich 1703 eine **Volkszählung** durch. Es war ein mühsames Unterfangen, denn die Amtsträger in Island wollten sich nicht in die Karten sehen lassen und verschlossen sich den königlichen Abgesandten. Ebenso zehrten der Alltag in einfachsten Unterkünften und die beschwerlichen Reisebedingungen an ihren Kräften. Doch Árni Magnússon, ein leidenschaftlicher **Sammler von Handschriften** und Büchern sowie Besitzer der damals schon umfangreichsten Bibliothek mittelalterlicher skandinavischer Literatur, nutzte die Chance und kaufte aus eigenen Mitteln **isländische Pergamente**, egal wie gut erhalten oder beschädigt sie waren. Eines davon hatte beispielsweise als Schnittmuster gedient und war entsprechend zugerichtet. Gerüchte behaupteten, dass die Kalbshäute in Zeiten schweren Hungers sogar verzehrt worden seien.

Seine isländischen Schätze brachte Árni Magnússon nach Kopenhagen. Im Oktober 1728 verschlang jedoch eine **Feuersbrunst** Teile seiner Bibliothek, und von diesem Schlag soll-

Ausschnitt einer Seite aus der »Flateyjarbók«, der umfangreichsten Handschriften-sammlung der isländischen Frühzeit, die sich heute wieder in Reykjavík befindet.

te er sich nicht mehr erholen. Er starb 1730 und vermachte seine einmalige Sammlung der Universität von Kopenhagen. Sowohl in Dänemark als auch in Island wurden später Zentren zur Bewahrung und Erforschung dieser Handschriften gegründet. Ihre Zahl geht in die Tausende.

Mit Islands Selbständigkeit im Jahr 1944 regten sich deutliche Stimmen auf der Insel, die **Rückgabe der Handschriften** von Dänemark fordernd. Nach langwierigen Verhandlungen war es so weit: Es kam zum ganz großen Bahnhof für die zwei ersten Pergamentbücher, die bedeutendsten ihrer Epoche, als sie im April 1971 von einer riesigen Menschenmenge sowie offiziellen Vertetern Islands empfangen wurden: Die »Konungsbók« (Königsbuch) und die außerordentlich gut erhaltene und reich illustrierte »Flateyjarbók«, ungefähr 1374–1378 in Island niedergeschrieben. Mit den Worten »Bitte sehr, die Flateyjarbók« wurde sie in isländische Hände gelegt.

Die Sammlung von Árni Magnússon konnte im Jahr 2009 in das **Weltdokumentenerbe der UNESCO** als unschätzbare Quelle der Geschichte und Kultur Skandinaviens vom Mittelalter zur Neuzeit aufgenommen werden.

Die enorme Kraft der verschiedenen Quellen von Deildartunguhver kann aus gebührendem Abstand in Augenschein genommen werden.

Sehenswertes

DEILDARTUNGUHVER

Die ergiebigste **Heißwasserquelle** Islands fördert 180 Liter kochendes Wasser pro Sekunde. Das heiße Wasser tritt offen am Fuße eines kleinen Hügels zutage und versorgt Höfe und Gewächshäuser in der Nähe. Heißwasserleitungen führen von hier bis nach Akranes und Borgarnes. Vom Parkplatz mit Infotafeln sind es nur wenige Schritte bis zu den Dampfwolken der Quelle. Gleich daneben gibt es einen kleinen Imbiss, der auch Gemüse aus den umliegenden Gewächshäusern verkauft.

7 km westl. von Reykholt

Aktivitäten

Tiefenentspannung
KRAUMA

Gleich neben Deildartunguhver bietet das geothermale Bad mehrere unterschiedlich temperierte Heißwasserbecken, ein Kaltwasserbecken, eine Sauna und einen Entspannungsraum. Es ist tiefenentspannend, bei einem Glas Wein oder einer Tasse Kaffee im heißen Wasser zu liegen. Das Restaurant serviert Gerichte aus regionalen Zutaten. Deildartunguhver | Tel. 5 55 60 66 | www.krauma.is | Mitte Juni bis Mitte Aug. tgl. 11–23, sonst 11 bis 21 Uhr | Eintritt 4300 ISK

HRAUNFOSSAR <small>C4</small>

Die größte Sehenswürdigkeit im Reykholtsdalur bilden die Hraunfossar. Vom Parkplatz aus sind es nur wenige Schritte, bis sich überraschend die Sicht auf die Fälle öffnet. Auf rund 1 km Länge ergießen sich **Dutzende kleine Wasserfälle**, die unter dem Lavafeld Hallmundarhraun hervorquellen, in den Fluss Hvítá. Der obere Teil des steilen Flussufers besteht aus wasserdurchlässiger Lava, der untere aus wasserundurchlässigem Basalt. Wasser, das in die Lava einsickert, fließt so unterirdisch auf der Basaltschicht, tritt am Steilufer der Hvítá wieder aus und ergießt sich in Kaskaden in den Fluss.

7 km westl. von Húsafell

HÚSAFELL <small>C4</small>

Versteckt in einem Birkenwäldchen liegt ein **Ferienkomplex** mit Unterkünften, Restaurant, Golfplatz und Freibad. Beliebt ist der Ort wegen der vielen Sehenswürdigkeiten in der Nähe. In Húsafell hat der bekannte Künstler Páll sein Atelier, das unschwer an dem mit schwarzem Wellblech verkleideten Turm zu erkennen ist. Mit etwas Glück trifft man ihn in seinem Atelier an, wenn nicht, kann man seine **ungewöhnlichen Skulpturen** auf seinem Anwesen besichtigen. Hinter seinem Haus beginnt eine halbstündige Wanderung durch die **Schlucht Bæjargíl**, vorbei an vielen seiner Skulpturen und Relikten früherer Besiedlung. Von der Cafeteria aus starten auch die Touren von Into the Glacier (www.intotheglacier.is) auf den **Langjökull** und in die einzige menschengemachte **Eishöhle** Islands.

Übernachten

Schlafen im Grünen
HÓTEL HÚSAFELL
Das hochmoderne, luxuriöse Hotel liegt im Zentrum der Ferienanlage in unmittelbarer Nachbarschaft zu dem kleinen örtlichen Schwimmbad. Die benötigte Energie für das Hotel wird umweltfreundlich vor Ort aus erneuerbaren Ressourcen erzeugt.

Húsafell 311 | Tel. 4 35 15 51 | www.husafell.com | 48 Zimmer | €€€

Aktivitäten

Heißer Abschluss
GILJABÖÐIN
In Húsafell startet eine geführte Wanderung zu den
Giljaböðin (Canyon Baths),
natürlichen Hot Pots in einer
abgelegenen Schlucht, die nur
mit Guide zugänglich ist. Duschen und Umkleide vor Ort.
Buchung über das Hotel.
Tel. 4 35 15 51 | www.husafell.
com | ab 12 500 ISK

VIÐGELMIR C4
Die gesamte Gegend wird dominiert durch das **Lavafeld Hallmundarhraun**, das infolge einer Eruption vor rund 1000 Jahren entstand. Langsam fließende Lava schuf viele Hohlräume
und hinterließ mehrere **Höhlen**. Eine davon kann in geführten
Touren unterschiedlichen Schweregrades erkundet werden.
Auch Relikte aus der Wikingerzeit wurden hier gefunden.
Fljótstunga | Tel. 7 83 36 60 | www.thecave.is | ganzjährig | ab 6500 ISK

SNÆFELLSNES A–B4
Wer Zeit hat, sollte für die 100 km lange Halbinsel, die sich wie
ein Finger in den Atlantik nach Westen erstreckt, mindestens
ein bis zwei Tage einplanen und ab Borgarnes die Ringstraße
für eine Umrundung verlassen. Entlang der Südküste dehnen
sich weite, helle **Sandstrände** aus, die Nordküste wird von
Fjorden und steilen Bergen dominiert. Hier findet sich viel
Islandtypisches auf kleiner Fläche, weshalb die Halbinsel auch
gern als »Island in der Nussschale« beworben wird.

Sehenswertes

 MERIAN TOP 10

SNÆFELLSJÖKULL-NATIONALPARK
Seit 2001 sind rund 170 km² an der westlichen Spitze der Halb-
insel Snæfellsnes als Snæfellsjökull-Nationalpark ausgewiesen.
Besonders sehenswert sind die ungewöhnlichen **Lava- und**

Auf dem reizvollen Weg zwischen Arnarstapi und Hellnar (s. S. 102) kommt man an diesem »Gatklettur« genannten, imposanten Felstor vorbei.

Felsformationen sowie die abwechslungsreiche Küste mit mehreren **Meeresvogelkolonien**. Auf verschiedenen Wanderwegen kann das Gebiet erkundet werden.

Der Gipfel des 1446 m hohen Snæfellsjökull besitzt einen rund 200 m tiefen **Krater**. Die kuppenförmige Bergspitze ist zum Großteil von einem **Gletscher** bedeckt, der in den letzten Jahrzehnten allerdings um rund die Hälfte abgeschmolzen ist. Der Vulkan ist zum letzten Mal vor rund 1800 Jahren ausgebrochen, gilt aber trotzdem nicht als erloschen.

Der Snæfellsjökull fasziniert die Menschen seit Urzeiten: Mehrere Sagas spielen hier, auch Halldór Laxness siedelte seine Romane »Am Gletscher« und »Weltlicht« hier an. Jules Verne ließ die Helden seines Romans »Reise zum Mittelpunkt der Erde« vom Krater des Snæfellsjökull in die Unterwelt steigen.

Alles Wissenswerte über den Nationalpark erfährt man im Besucherzentrum Malarrif ganz im Süden. Von dort starten im Sommer auch geführte Touren mit dem Parkranger.
Besucherzentrum Malarrif | Tel. 4 36 68 88 | www.snaefellsjokull.is | Okt.–April tgl. 11–16, Mai–Sept. 10–17 Uhr

Übernachten

Schlafen in historischer Umgebung
HÓTEL BÚÐIR

Der historische Handelsort Búðir, der seit der Landnahme bewohnt war, ist heute verlassen. Die einzigen Gebäude sind die kleine schwarze Holzkirche aus dem Jahr 1848 und das nach einem Brand neu erbaute Hotel. Wer die Einsamkeit liebt, wohnt hier in Solitärlage mit herrlicher Aussicht. Das exquisite Restaurant ist auf Fischgerichte spezialisiert. Das Hotel organisiert auch Touren.

Búðir | Tel. 4 35 67 00 | www.hotel budir.is | 25 Zimmer | €€€–€€€€

Aktivitäten

Spannendes im Lavafeld
BÚÐAHRAUN

Beim Hotel Búðir befindet sich sehr fotogen eine kleine schwarze Kirche, Startpunkt einer 2–3-stündigen Wanderung durch ein Lavafeld mit seltenen Farnen und anderen Pflanzen zum Vulkan Búðaklettur, der leicht bestiegen werden kann. Am Fuße des Búðakletturs gibt es eine Höhle, von der die Legende berichtet, dass es hier einen geheimen Durchgang bis zur Höhle Viðgelmir (→ S. 100) bei Húsafell geben soll.

In den Bauch der Erde
VATNSHELLIR

Nicht weit vom Hotel Buðir wartet ein echtes Abenteuer unter Erde, die Höhle Vatnshellir. In einem 8000 Jahre alten Lavatunnel werden interessante 45-minütige Führungen angeboten.

Tel. 7 87 00 01 | www.summit guides.is | Mai–Sept. stdl. 10–18, Okt.–April stdl. 11–16 Uhr | 24 €

Klippenweg
VON ARNARSTAPI NACH HELLNAR

Eine wunderbare, sehr abwechslungsreiche 2–3-stündige Wanderung führt von Arnarstapi die Steilküste entlang nach Hellnar, wo am zerklüfteten Strand das winzig kleine Café Fjöruhúsið mit Kuchen und Waffeln sowie mit einer Fischsuppe auf Gäste wartet, der schon ein isländischer Song gewidmet wurde. An der Strecke gibt es einen kleinen Abzweig zu einem mysteriösen Labyrinth, dass vermutlich vor 200–300 Jahren von Fischern angelegt worden ist.

STYKKISHÓLMUR B3

1200 Einwohner

Der malerische und historische Ort liegt auf einer Landzunge und ist umgeben von den Schären des Breiðafjörður. Stykkishólmur dient als Versorgungs- und Handelszentrum der Region und bietet eine Transportverbindung zur Insel Flatey. Vor allem am Hafen prägen viele schöne alte Holzhäuser in kräftigen Farben das Ortsbild.

Eine der Schären – Súgandisey – schützt den Hafen, der seit jeher den Lebensnerv des Ortes bildet. Einen guten Überblick über den Ort und die Schären kann man genießen, wenn man auf der Insel Súgandisey bis zum kleinen Leuchtturm hinaufsteigt. Auch von der modernen, strahlend weißen und weithin sichtbaren Kirche bietet sich ein guter Blick über die Stadt.

Am dritten Wochenende im August werden seit 1995 die »**Danskir dagar**«, die dänischen Tage, in Stykkishólmur mit vielerlei Familienaktivitäten gefeiert.

Sehenswertes

VATNASAFN

Die **Wasserbibliothek** ist eine Installation der amerikanischen Künstlerin Roni Horn. Sie besteht aus 24 Glassäulen, die mit Wasser von verschiedenen isländischen Gletschern gefüllt sind. Das Haus liegt auf einem Hügel in Hafennähe, durch die großen Fenster hat man einen schönen Ausblick.

Bókhlöðustígur 17 | www.libraryofwater.is | Juni–Aug. tgl., Sept.–Mai Di–Sa 11–17 Uhr | Eintritt 600 ISK

ELDFJALLASAFN

Der Vulkanologe Haraldur Sígursson sammelt alles, was mit Vulkanausbrüchen zu tun hat. Sein **Vulkanmuseum** zeigt neben einer Sammlung von Gemälden und anderen Kunstobjekten zum Thema Vulkanismus auch verschiedene Steine aus unterschiedlichen Eruptionen sowie Fotodokumentationen.

Aðalgata 6 | Tel. 4 33 81 54 | www.eldfjallasafn.is | Mai–Sept. tgl. 10–17, Okt.–April Di–Sa 13–16 Uhr | Eintritt 1300 ISK

In den Gewässern um Island tummeln sich verschiedene Walarten, und in vielen Orten werden Beobachtungstouren im Boot angeboten.

NORSKA HÚSIÐ

Der Geschäftsmann Árni Thorlacius ließ das Haus 1832 errichten und betrieb hier die erste Wetterstation Islands. Teilweise wieder im Originalzustand, dient das »Norwegische Haus« als **Regionalmuseum**, außerdem werden wechselnde Kunstausstellungen gezeigt. Das Gebäude erhielt seinen Namen vom Bauholz, das aus Norwegen importiert wurde.

Hafnargata 5 | Tel. 4 33 81 14 | Mai–Aug. tgl. 11–17, Sept.–April Di–Fr 13–16 Uhr | Eintritt 1350 ISK, bis 18 J. frei

Essen und Trinken

Gemütlich schlemmen
NARFEYRARSTOFA
Spezialitäten sind Fisch und Meeresfrüchte, teils mit ungewöhnlichen Zutaten zubereitet. Immer voll, deshalb entweder früh kommen oder besser reservieren.

Aðalgata 3 | Tel. 4 38 11 19 | www.narfeyrarstofa.is | April bis Mitte Okt. tgl. 11.30–22, sonst nur Sa, So 18–22 Uhr | €€€

Frisch auf den Tisch
HAFNARVAGNINN
Die besten Fish ’n’ Chips gibt es an diesem Imbisswagen direkt am Hafen. Doch auf-

gepasst: Wenn der Tagesfang ausverkauft ist, wird der Imbiss geschlossen und Hungrige müssen sich an diesem Tag nach einer anderen Gelegenheit umschauen.

Aktivitäten

Raus aufs Meer
SEATOURS

Touren zur Vogelbeobachtung, zum Angeln sowie Ausflüge zur Insel Flatey und Segeltörns mit Gourmetabendessen oder mit frisch gefangenen Meeresfrüchten. www.seatours.is

Walbeobachtung
LÁKI TOURS

Etwa 40 km westlich von Stýkkishólmur sind Láki Tours beheimatet, ein Unternehmen, das Walbeobachtungen rund um Snæfellsnes anbietet. Gesichtet werden vor allem Orcas, die man manchmal sogar vom Strand aus an der Westspitze der Halbinsel sehen kann.

Grundarfjörður | Nesvegur 5 | Tel. 5 46 68 08 | www.lakitours. com | Touren ab 9900 ISK ab 3 Std.

Service

Ankunft und Abfahrt
SEATOURS

Die Autofähre »Baldur« verkehrt zwischen Stykkishólmur und Brjánslækur in den Westfjorden mit kurzem Stopp auf Flatey.

Büro im Hafen | Tel. 4 33 22 54 | www.seatours.is

MERIAN EMPFEHLUNG

FLATEY B3

10 Einwohner

Der Ausflug zur **Insel Flatey** im Breiðafjörður ist wie eine Reise in eine andere Zeit und Welt. Es gibt auf dem kleinen flachen Eiland keine Autos, das Gepäck der Hotelgäste wird mit einem kleinen Traktor abgeholt und der Reisende läuft zu Fuß vom Hafen die 500 m bis zum alten Ortskern.

Obwohl auf der Insel nur noch wenige Menschen leben, sind die Häuser erstaunlich gut in Schuss. Neubauten wie in anderen Orten sind nicht vorhanden, man schlendert durch eine bunte Welt von Wellblechhäusern aus dem 19. und 20. Jh.

Wer völlig abschalten möchte, sollte mindestens eine Übernachtung buchen; wenn gegen Abend die Tagestouristen mit der letzten Fähre abgefahren sind, wird es ganz ruhig bis auf das Wellengeplätscher und die Vogelstimmen.

Viel zu tun gibt es auf der Insel nicht, aber um die Seele baumeln zu lassen, ist sie einfach ideal. Es gibt einen **Rundweg** um die 2 km lange Insel mit überraschenden Entdeckungen, allerdings ist der Weg bis Mitte Juli als Vogelschutzgebiet gesperrt. Vielleicht ist das kleine Kirchlein, das einmal als Bibliothek diente, geöffnet – dann kann man die Fresken des in Island lebenden Basken Baltasar Samper bestaunen. Anfahrt: mit der Fähre »Baldur« zweimal am Tag, entweder von Stýkkishólmur oder von Brjánslækur in den Westfjorden.
www.seatours.is | ab 5760 ISK

Übernachten

Genuss in der Stille
HÓTEL FLATEY
liebevoll und geschmackvoll eingerichtete Zimmer in einem kleinen alten Holzgebäude. Bei schönem Wetter kann das Frühstück auf der Veranda serviert werden, ansonsten im angeschlossenen Restaurant.
Tel. 5 55 77 88 | https://hotelflatey. is | Juni–Aug. | 12 Zimmer | €€€

 4 MERIAN EMPFEHLUNG

GRÁBRÓK C4

Direkt an der Ringstraße Richtung Norden passiert man **Bifröst**, eine Ansiedlung mit einer Universität. Gleich dahinter sollte man einen Stopp auf dem kleinen Parkplatz beim roten Krater **Grábrók** einlegen und auf gut ausgebauten Holzsteigen bis zum Kraterrand wandern. Von oben hat man einen wundervollen Blick auf das Lavafeld, das dem Vulkan entsprang, und die umliegende buschbestandene Landschaft.

Nachdem man den markanten, 934 m hohen Pyramidenberg **Baula** und den darauffolgenden Pass (Straße 60) hinter sich gebracht hat, öffnet sich das weitverzweigte Tal **Miðdalir** mit seinen großflächigen Aufforstungen.

Nahe Búðardalur wurde der auch international bekannte Bildhauer Ásmundur Sveinsson geboren, dessen Skulptur hier am Meer eine Frau mit Kind zeigt.

BÚÐARDALUR C3

Auf dem weiteren Weg in die Westfjorde kommt man auf der Straße 60 durch Búðardalur, einen eher verschlafenen Ort mit einem Supermarkt, einer Tankstelle und einem Restaurant.

Sehenswertes

MERIAN EMPFEHLUNG   5

EIRÍKSSTAÐIR

Nicht weit entfernt, im Tal Haukadalur, wurde ein **wikinger-zeitliches Langhaus** ausgegraben, das man dem Entdecker Erík dem Roten zuordnet. Später sollte sein Sohn Leifur als erster Europäer seinen Fuß auf den amerikanischen Kontinent setzen. Eine Rekonstruktion, mit Originalwerkzeug erstellt, kann besichtigt werden. Vor Ort findet einmal im Jahr eine experimentalarchäologische Eisenverhüttung statt.

17 km südöstl. von Búðardalur | Tel. 8 99 71 11 | www.eiriksstadir.is | Mai–Sept. tgl. 10–15 Uhr | Eintritt inkl. Führung 1700 ISK

Einkaufen

Milch und mehr
ERPSSTAÐIR
Die erste Milchfarm, die in Island auf Direktvermarktung setzte. Inzwischen wird

eine breite Palette verschiedener Molkereiprodukte angeboten. Besonders gut ist das Eis in verschiedenen Sorten. 16 km südl. von Búðardalur | Tel. 8 68 03 57 | www.erpsstadir.is | im Sommer ab 11 Uhr

LÁTRABJARG A3

Die Landzunge Látrabjarg ist der **westlichste Punkt Europas** und gehört mit ihren mehr als 400 m aus dem Meer aufragenden Klippen, den traumhaften Sandstränden Breiðavík und Rauðasandur sowie den **Vogelfelsen** – den größten im Nordatlantik – zu den schönsten Reisezielen in den Westfjorden.

Die Millionen zählenden Brutvögel, die übrigens überhaupt keine Scheu zeigen und ausgezeichnete Fotomotive bieten, sind im Juni und Juli zu beobachten.

Übernachten

Solitärlage
BREIÐAVÍK
Die Unterkunft am weiten, gelb-weißen Sandstrand vor schroffer Felskulisse ist Gästehaus, Schlafsackunterkunft

und Motel. Alle Zimmer sind hell und sauber, aber klein und einfach bis nüchtern, wofür die Traumlage nahe der Klippe Látrabjarg mehr als entschädigen dürfte. Breiðavík | Tel. 4 56 15 75 | www. breidavik.is | 27 Zimmer | €€–€€€€

DYNJANDI B2

Auf dem Weg nach Ísafjörður kommt man an einem der schönsten **Wasserfälle** Islands vorbei. Insgesamt bildet der Fluss Dynjandisá sechs Wasserfälle, die zusammen eine Gesamtfallhöhe von fast 200 m erreichen. Besonders beeindruckend ist die oberste Stufe, der 100 m hohe **Fjallfoss**. An der oberen Kante misst er 30 m, bevor er sich nach unten auf rund die doppelte Breite auffächert. Danach folgen noch fünf kleinere Wasserfälle.

Eine besonderere Attraktion und als Ziel von Touristen entsprechend beliebt ist der wunderschöne Wasserfall Dynjandi in den Westfjorden.

Essen und Trinken

Klein aber fein
CAFÉ SIMBAHÖLLIN

Das dänisch-belgische Paar hat aus dem alten Laden von 1915 in Þingeyri ein modernes Café mit wunderbar nostalgischem Flair gezaubert. Weit und breit die beste Adresse für frische belgische Waffeln, Kuchen oder einen kräftigen Lunch. Das Paar fördert die Zusammenarbeit zwischen ansässigen und internationalen Künstlern und bietet eine Art Residency an. Þingeyri | Fjarðargata 5 | Tel. 8 99 66 59 | www.simbahollin.is | ab Ende Mai | €–€€€

ÍSAFJÖRÐUR B2

2500 Einwohner

Das Handels-, Verwaltungs- und Dienstleistungszentrum der Westfjorde breitet sich auf einer Sandbank im Skutulsfjörður vor einer eindrucksvollen Bergkulisse aus. Im Rücken der größten Ortschaft der Region ragt die über 700 m hohe, steile Felswand des **Eyrarfjall** auf. Der Ort präsentiert sich vielfältig und bunt, einige Häuser stammen noch aus dem 18. und 19. Jh.,

als dänische und norwegische Kaufleute mit dem Kabeljau-
handel viel Geld verdienten, es gibt aber auch mit Wellblech
verkleidete Wohnhäuser, die typischen modernen Betonbauten
sowie postmoderne Aluminiumfassaden.

Sehenswertes

BYGGÐASAFN VESTFJARÐA

In einigen der ältesten Gebäude der Stadt ist heute das **Heimatmuseum** untergebracht. Die Ausstellung beleuchtet die
Geschichte der ehemaligen Fischfangstation und das harte Leben der Fischer. Vor der Tür werden Fische getrocknet und
rund um die Gebäude stehen mehrere museale Boote. Im alten
Tjöruhús (Teerhaus) befindet sich ein uriges Fischrestaurant.
Neðstikaupstaður, Suðurtangi | Tel. 4 56 32 99 | www.nedsti.is |
Mitte Mai–Mitte Sept. tgl. 9–17 Uhr | Eintritt 1300 ISK

Aktivitäten

Führung mit Thema
ÍSAFJÖRÐUR GUIDE
Die Deutsche Helga Ingeborg
Hausner ist 1997 nach Island
ausgewandert und bietet in
Ísafjörður Führungen zu bestimmten Themen an: von
historischen Stadtführungen
über Wildkräuterwanderun-
gen bis hin zu Geschichten
von Trollen und Elfen.
Tel. 8 45 08 75 | www.isafjordur
guide.is

Raus in die Wildnis
WEST TOURS
Organisiert unterschiedliche
Outdoor-Aktivitäten.
Aðalstræti 7 | Tel. 4 56 51 11 |
www.westtours.is

HÓLMAVÍK C2

400 Einwohner
Die malerische Siedlung lebt hauptsächlich vom Fischfang und
einigen Touristen. Inzwischen gibt es auch von Hólmavík aus
Walbeobachtungstouren in die östlich gelegene Bucht Húnaflói, vor allem aber zur Insel Grímsey (ab Drangsnes), wo Tausende **Papageitaucher** während der Sommermonate brüten.

Sehenswertes

GALDRASÝNING Á STRÖNDUM

Ungewöhnliche Einblicke in die Landesgeschichte gewährt das **Museum für Hexerei und Zauberei**. Bis ins 17. Jh. waren Hexerei und Zauberei in den Westfjorden straffrei, danach kam es zu zahlreichen Hexenprozessen. Dem ersten von insgesamt 21 Beschuldigten wurde vorgeworfen, einen Toten wieder zum Leben erweckt zu haben. Viele wurden ausgepeitscht, auf dem Scheiterhaufen starben – anders als im Rest Europas – bis auf eine Frau nur Männer. Im Museum erfährt man auch, was es mit der sogenannten Leichenhose auf sich hat.

Höfðagata 8-10 | Tel. 4 51 35 25 | www.galdrasyning.is | Mo–Fr 12–18, Sa, So 13–18 Uhr | Eintritt 1000 ISK

MERIAN EMPFEHLUNG   6

STRANDIR C2

Die Küste der Strandir-Region am Westufer der Húnaflói-Bucht und das sich nach Norden anschließende **Naturschutzgebiet Hornstrandir** zählen zu den einsamsten und wildesten Landschaften Islands, abgesehen vom Hochland. Auf der Küstenstraße entlang der Bucht gelangt man über die winzigen Orte Drangsnes und Djúpavík nach Norðurfjörður. Nach weiteren 3 km endet die Piste am **Krossneslaug**, einem Schwimmbecken direkt am Strand. Hier badet man in herrlich warmem Wasser am Ende der Welt!

Übernachten

Schlafen neben der Heringsfabrik
HÓTEL DJÚPAVÍK

Die Unterkunft der Arbeiterinnen der ehemaligen Heringsfabrik wurde zu einem Hotel umgebaut. Schlichte Zimmer in ansprechendem Ambiente. Auch für einen Stopp auf dem Weg weiter in den Norden zu empfehlen, das Kuchenbuffet am Nachmittag lädt zum Schlemmen ein.

Djúpavík | Tel. 4 51 40 37 | www.djupavik.is | 8 Zimmer, 2 Ferienhäuser | €€–€€€

DER NORDEN

Tief ins Land einschneidende Fjorde, fast menschenleere Halbinseln und fruchtbare Täler kennzeichnen den Norden. Am Ende des Eyjafjörður liegt die zweitgrößte Stadt Islands und das wichtigste Zentrum im Norden – die sympathische Kleinstadt Akureyri.

Der Norden reicht von der weiten **Húnaflói-Bucht** im Westen bis zur östlichsten Spitze Islands, der **Halbinsel Langanes**. Die südliche Grenze bildet das Hochland mit den Ausläufern der drei Gletscher Langjökull, Hofsjökull und Vatnajökull. Mehrere Fjorde schieben sich an der Küste zwischen großen Halbinseln weit ins Land. Häufig schließen sich daran fruchtbare Täler an.

Allgemeine Informationen über Nordisland bietet die Webseite www.northiceland.is

Im Osten der Region sorgen zahlreiche Vulkane und Thermalfelder bis heute für Dramatik. Vor allem rund um den **Mývatn-See** begeistern vielfältige vulkanische Phänomene, der See selbst mit seinen grünen Inseln und Buchten wirkt jedoch wie ein liebliches Vogelparadies. Doch schon wenige Kilometer weiter dampft und zischt es, köcheln Schlammtöpfe vor sich hin und leuchten ganze Berge in kräftigen Gelb- und Orangetönen. Für viele dieser Landschaften ist der unruhige **Zentralvulkan Krafla** verantwortlich. Im Westen hingegen gab es schon vor der letzten Eiszeit keinen aktiven Vulkanismus mehr, deshalb konnten Gletscher dort die Landschaft formen und ließen bei ihrem Rückzug weite Täler zurück.

Die Ringstraße verläuft als schnellste und einfachste Verbindung zwischen dem Westen und dem Osten, meist als gerade Trasse zwischen einzelnen Ortschaften. Sie führt dabei auch an vielen touristischen Highlights vorbei, aber sie kanalisiert natürlich auch die meisten Reisenden im Norden.

Bei genügend Zeit kann man die Fahrt auf dem **Arctic Coast Way** (www.arcticcoastway.is) erwägen, einer Route, die im Großen und Ganzen dem Verlauf der Küste folgt und etwa 900 km lang ist. Start- bzw. Endpunkt sind die Orte **Hvamm-stangi** im Nordwesten und **Vopnafjörður** im Osten, wobei man natürlich auch nur Teile davon befahren kann.

HVAMMSTANGI C3

572 Einwohner

Wer von Robben fasziniert ist, sollte einen Zwischenstopp in Hvammstangi einplanen, wo sich das Robbenzentrum Islands, das **Selasetur Íslands**, auf wissenschaftlicher Basis mit der Verbreitung der Tiere beschäftigt. Im Haus ist ein kleines Museum untergebracht und man kann von dort Beobachtungstouren buchen. Auf der Halbinsel **Vatnsnes** gibt es drei ausgewiesene Beobachtungspunkte.

Brekkugata 2 | Tel. 4 51 23 45 | www.selasetur.is | Mai–Sept. tgl. 9–16, Okt.–April Mo–Fr 10–15 Uhr | Eintritt 1100 ISK

Übernachten

Hotel (in) der alten Schule
HÓTEL LAUGARBAKKI
Hotel in umgebauter, renovierter Schule. Sehr zu empfehlen sind die entspannenden Hot Pots auf dem Gelände. Ein Restaurant mit frischer Küche garantiert auch in dieser Abgeschiedenheit gute Versorgung.

Laugarbakki, 10 km südl. | Tel. 5 19 86 00 | www.hotellaugarbakki.is | 56 Zimmer | €€€

Einkaufen

Schick in Strick
KIDKA
Die Wollfabrik Kidka stellt ihre eigene Modelinie aus isländischer Wolle her. Die deutsch-isländischen Besitzer zeigen Besuchern gern auf einem Rundgang ihre Fabrik und Näherei.

Höfðabraut 34 | Tel. 4 51 00 60 | www.kidka.com | April–Okt. Mo–Fr 8–18, Sa, So 10–18, Nov.–März Mo–Fr 8–18 Uhr

Malerisch einsam liegt die steinerne Þingeyrakirkja südlich von Blönduós an der Lagune Hóp, die von der Ringstraße aus zu erreichen ist.

BLÖNDUÓS D3

939 Einwohner

Beidseits des Flusses Blandá, der hier ins Meer mündet, liegt Blönduós, der hübschere Teil davon auf der südlichen Seite.

In der Region spielt Hannah Kents Roman »Das Seelenhaus«, der auf wahren Tatsachen beruht. Im 19. Jh. fand in Island die letzte Hinrichtung statt, vollstreckt u. a. an Agnes Magnúsdóttir, der Protagonistin des Romans. Viele im Buch erwähnte Stätten kann man heute noch besuchen. Am **Þrístapar** (Richtplatz) an der Ringstraße, 18 km südlich von Blönduós, erinnert ein Gedenkstein an die Exekution.

Sehenswertes

HEIMILISIÐNAÐARSAFN

Das **Textilmuseum** zeigt viele Arbeiten aus dem 19. und frühen 20. Jh., vor allem von Halldóra Bjarnadóttir, die sich für die Verbesserung und Ausbildung der Frauen in Island einsetzte. Neues Textildesign ist jedes Jahr in einer Sonderausstellung zu sehen.

Árbraut 29 | Tel. 4 52 40 67 | www.textile.is | Juni–Aug. tgl. 10–16 Uhr | Eintritt 1500 ISK

Essen und Trinken

Tradtionell bis exotisch
TENI/ÖMMUKAFFI

Im Teni gibt es einen sehr preisgünstigen Mittagstisch, meist mit Speisen, wie sie traditionell auch in isländischen Haushalten gekocht werden. Hier findet man mittags vor allem einheimische Angestellte und Arbeiter. Abends können von der Speisekarte auch äthiopische Gerichte gewählt werden.

Húnabraut 2 | Tel. 4 52 40 40 | www.ommukaffi.is | tgl. 11.45 bis 21 Uhr | €-€€

Aktivitäten

Inselrundgang
INSEL HRÚTEY

Neben dem Campingplatz befindet sich an der Straße Nr. 1 ein Parkplatz mit Hinweis auf die Insel Hrútey. Sie liegt im Fluss Blandá und ist schon vor vielen Jahren mit verschiedenartigen Bäumen bepflanzt worden. Rund um die Insel, die über eine abenteuerliche (aber sichere) Brücke erreicht werden kann, führen verschiedene Wanderwege, der längste davon dauert etwa eine Stunde.

SAUÐÁRKRÓKUR D2

2600 Einwohner

Am Ende des breiten Fjordes Skagafjörður liegt Sauðárkrókur in einer fruchtbaren Gegend, in der Landwirtschaft und Pferdezucht betrieben werden. Fast jeder Hof züchtet **Islandpferde**, viele bieten Reiturlaub an. Entlang der schnurgeraden Hauptstraße fallen nur einige bunte Holzhäuser ins Auge, ansonsten wirkt Sauðárkrókur modern.

Sehenswertes

GLAUMBÆR

Die ältesten Teile des **Museumshofs** stammen vom Ende des 18. Jh., bewohnt wurden die kleinen Torfhäuser noch bis 1947. Es ist eines der am besten erhaltenen **historischen Gehöfte** in klassischer Grassodenbauweise. Die Größe des Gehöfts sowie die mit Holz verkleidete Front lassen vermuten, dass es einst ein

Alle reisen um die Insel

Man möchte glauben, dass alle Isländer am **ersten Sonntag im Juli** und am **ersten Montag im August** auf der Ringstraße unterwegs sind – in vollgestopften Autos, mit Zelt, Wohnwagen oder Wohnmobil, mit Fahrrädern oder Kanus auf dem Autodach. Sie fahren nach Nord und Süd, bevölkern Zeltplätze und Versammlungshäuser, die, wie es scheint, nur für diese Anlässe geschaffen wurden. Warum diese Völkerwanderungen?

Anfang Juli kann man davon ausgehen, dass Unwetter, Kälte oder schlechte Straßenverhältnisse bis auf Weiteres Geschichte sind. Die Helligkeit der Sommermonate belebt ebenso wie die Aussicht, sich mit der Sippschaft irgendwo auf einem Campingplatz zu treffen, gemeinsam zu grillen, zu plaudern oder die Unbilden des vergangenen Winters zu beschwören. Vielleicht werden hier und da auch Vitamin-B-Beziehungen geknüpft, die den jüngeren Mitgliedern der Großfamilie dienlich sein könnten. Dafür lohnt es sich allemal, einmal um die halbe Insel zu fahren und zurück.

Am verlängerten **ersten Augustwochenende** herrschen andere Prioritäten. Rund um die Insel finden **Festivals** statt, von Punk und Heavy Metal über die Europameisterschaft im Matschfußball der Frauen und Männer bis hin zu weniger spektakulären Sportereignissen und christlichen Familientagen mit Lagerfeuer und Gesang. Nun gruppiert man sich anders als zuvor, und in der Regel bleiben Freizeitgeräte wie Räder oder Kanus in der Garage. Auf mehreren Bühnen und an verschiedenen Veranstaltungsorten läuft ein volles Programm bis in die späten Abend- oder frühen Morgenstunden, und zwischendurch muss noch gegrillt werden – ohne das geht es nämlich nicht.

Und wenn alles gut überstanden ist, fädelt man sich in die Autoschlangen nach Nord oder nach Süd ein, dass kein Durchkommen mehr ist. Tausende Familien, Fans oder Aktive strömen nach einem bunten Wochenende und dem ab und zu notwendigen Bad in der Menge wieder ihrem Alltag entgegen.

wohlhabender Hof gewesen sein muss. Der zentrale Raum, die *baðstofa,* in dem alle arbeiteten, aßen und schliefen, ist noch vollständig eingerichtet. Im gelben Haus nebenan befindet sich das gemütliche Café Áskaffi mit nostalgischer Einrichtung.

Glaumbær, an der Straße 75 | Tel. 4 53 61 73 | www.glaumbaer.is |
20. Mai–20. Sept. tgl. 9–18, 21. Sept.–31. Okt. 10–18, Nov.–Mai
10–16 Uhr | Eintritt 1700 ISK

VÍÐIMÝRARKIRKJA

Die winzige Kirche von 1834 ist eine der wenigen noch erhaltenen **Torfkirchen**. Die Altartafel (1616) stammt aus Dänemark. Der kleine Innenraum ist sehr einfach gehalten und fast gänzlich ohne Schmuck, so sind selbst die Bretter der Dachkonstruktion und die Balken zu sehen. In den engen Bänken auf der Nordseite saßen früher die Frauen, die Männer hatten die Südseite für sich. Die Reichen durften vorne Platz nehmen, die Armen mussten auf den Hinterbänken sitzen.

Víðimýri | www.glaumbaer.is | Juni–Aug. tgl. 9–18 Uhr | Eintritt 1000 ISK

HAUGSNES

Im Hochmittelalter, im Jahr 1246, fand im Skagafjörður eine der **größten Schlachten** in der Geschichte Islands statt. Am Schauplatz an der Straße 76 hat der Künstler und Landwirt Sígurður Hansen eine Erinnerungsstätte aus Steinen an die Schlacht errichtet. Die Steine mit einem Kreuz symbolisieren die Gefallenen. In der Stadt Sauðárkrókur selbst widmet sich die interaktive Ausstellung **The Battle of Iceland** der Ära der Sturlungen.

The Battle of Iceland | Aðalgata 21 | Tel. 5 88 23 88 | www.1238.is |
tgl. 9–17 Uhr | Eintritt 3450 ISK

MERIAN EMPFEHLUNG

GRETTISLAUG

Am Ende der Stichstraße 748 von Sauðárkrókur entlang steiler Berge weitet sich das Land noch einmal zu einer flachen Landspitze. Dort findet man die Grettislaug, zwei rekonstruierte **Hot Pots** an jenen Stellen, wo sich Grettir der Starke laut der gleichnamigen Saga gewärmt haben soll, nachdem er von der Insel Drangey zum Festland geschwommen ist. Neben Duschen und Umkleiden gibt es auch ein kleines Café, in dem man die Nutzungsgebühr (1000 ISK) bezahlen kann.

Übernachten

Traditionsbewusst
HÓTEL TINDASTÓLL
Das norwegische Holzhaus beherbergt seit 1884 Gäste. Die meisten Zimmer sind nostalgisch eingerichtet, die Zimmer im Anbau sind moderner gestaltet.
Lindargata 3 | Tel. 4 53 50 02 | www.arctichotels.is | 20 Zimmer | €€–€€€

Essen und Trinken

Beliebt zur Lunchzeit
KAFFI KRÓKUR
Das alte Haus an der Hauptstraße kann man nicht übersehen. Die Speisekarte bietet viel, von Pasta bis Hummer.
Aðalgata 16 | Tel. 4 53 64 54 | www.kkrestaurant.is | tgl. 11 bis 22.30 Uhr | €–€€€

Aktivitäten

Reiten für alle
LÝTINGSSTAÐIR
Seit über 20 Jahren lebt die Brandenburgerin Evelyn Kuh-
ne auf dem Islandpferde-Hof Lýtingsstaðir, ca. 45 km südlich von Sauðárkrókur. Sie bietet Reittouren für Anfänger und Fortgeschrittene an. Wer möchte, kann in drei Holzhütten (€–€€) übernachten.
Lýtingsstaðir | Tel. 4 53 80 64 | www.lythorse.com | 1-std. Tour ab 6000 ISK, Wochentour ab 1500 €

Abstecher zur Insel
DRANGEY TOURS
Eine beeindruckende Fahrt wird auf die unbewohnte Insel Drangey im Skagafjörður angeboten. Vor über 1000 Jahren war sie Zufluchtsort von Grettir dem Starken aus der gleichnamigen Saga. Der Aufstieg auf das Inselplateau ist anstrengend. Aber eine unglaubliche Aussicht über den Fjord und die Nähe von Tausenden Papageitauchern und anderen Seevögeln entschädigen für die Mühe. Der Bootskapitän fungiert gleichzeitig als Guide.
Hesteyri | Tel. 8 21 09 00 | www. drangey.net | 20. Mai–20. Aug. | 13 900 ISK

Innenraum der kleinen Hóladómkirkja, der Domkirche von Hólar, die als die älteste erhaltene Steinkirche Islands gilt. Ihr benachbarter Turm kam erst 1950 dazu.

HÓLAR D2

93 Einwohner

Der Ort liegt sehr geschützt in einem Seitental des Skagafjörður. Im Jahr 1106 wurde dort der **erste isländische Bischofssitz** gegründet. Die Kirche stammt von 1763 und wurde von dem deutschen Architekten Sabinsky erbaut. Sehr interessant ist das geschnitzte Altartriptychon aus Alabaster, das um 1500 in Deutschland entstand. Archäologische Grabungen im weiteren Umfeld ergaben eine Nutzung des Tales auch für sakrale Zwecke schon in der Landnahmezeit.

Heute ist in Hólar eine **landwirtschaftliche Hochschule** angesiedelt, zu der u. a. der Fachbereich Pferdehaltung und -ausbildung gehört. Auch viele Studenten aus Deutschland lassen sich hier in equinen Wissenschaften unterweisen.

Sehenswert sind außerdem eine Gruppe von **Grassodenhäusern**, Nýibær, sowie eine Ausstellung zur **Geschichte des Pferdes** in Island (www.visitholar.is).

Hólar bietet Übernachtungsmöglichkeiten im Hotel sowie im Gästehaus, einen Campingplatz, ein Restaurant sowie viele gekennzeichnete Wanderwege in die Bergwelt der Halbinsel Tröllaskagi mit ihren fast alpin anmutenden Höhenzügen.

Noch relativ unentdeckt sind die eindrucksvollen Basaltsäulen in Hofsós, direkt unterhalb des Schwimmbads gelegen und über einen Fußweg zu erreichen.

HOFSÓS D2

142 Einwohner

Der kleine Ort auf der Ostseite des Skagafjörðurs war schon im 15. Jh. durch die geschützte Lage ein wichtiger Handelsplatz. An der Küste beeindrucken spektakuläre Basaltsäulen. Das **Pakkhús**, ein altes Warenhaus aus dem Jahr 1777, ist eins der ältesten Gebäude in Island. Eine im Sommer geöffnete Ausstellung (www.hofsos.is) dokumentiert die **Geschichte der Auswanderung** nach Amerika im 19. Jh.

Übernachten

Abgeschiedene Idylle
LÓNKOT

In Alleinlage mit Blick auf den Fjord und seine Inseln bietet das ehemalige Bauernhaus Unterkunft und ein Restaurant, in dessen Küche viel selbst angebautes Gemüse und Wildkräuter aus der direkten Umgebung verwendet werden. Im Restaurant hängen die farbenfrohen Werke von Sölvi Helgason, einem Künstler des 19. Jh. Hauseigener Hot Pot in geschütztem Raum mit Panoramascheiben. Lónkot, 13 km nördl. von Hofsós | Tel. 4 53 74 32 | www.lonkot.is | 5 Zimmer | 1. Juni–24. Sept., Restaurant Juni–Aug. | €€€

Aktivitäten

Der Unendlichkeit entgegen
INFINITY POOL

Das Schwimmbad in Hofsós gehört zu den außergewöhnlichen in Island. Es wurde direkt an den Rand der Klippen gebaut, so dass man immer mit Sicht auf den weiten Ozean schwimmen kann – manchmal verwischen die Grenzen zwischen Meer und Pool.

Hofsósbraut | Tel. 4 55 60 70 | Juni–Aug. tgl. 7–21, Okt.–Mai Mo–Fr 7–13, 17–20 Uhr

MERIAN EMPFEHLUNG

8

SIGLUFJÖRÐUR E2

1200 Einwohner

Die nördlichste Stadt Islands liegt am gleichnamigen Fjord inmitten einer rauen und unwirtlichen Landschaft. Der Norden der Halbinsel Tröllaskagi leidet unter schneereichen Wintern, eisigen Nordwinden und kargen Böden, die selbst für die Schafzucht nicht ausreichen. Doch die **Heringsfischerei** machte um 1900 aus dem winzigen Dorf fast über Nacht die fünftgrößte Stadt des Landes. In mehr als 20 Fangstationen wurde der Hering gesalzen und in Fässern eingelegt. Was sich nicht zum Salzen eignete, wurde zu Tran und Mehl verarbeitet. Leider nahmen die Heringsschwärme nach nicht einmal 50 Jahren andere Wege, und Siglufjörður musste sich gesundschrumpfen. Heute wird zwar wieder gefischt, aber nur noch in einem verträglichen Umfang.

Sehenswertes

SÍLDARMINJASAFNIÐ

Das **Heringsmuseum** erinnert an die goldene Ära des Ortes. Drei Gebäude einer ehemaligen norwegischen Heringsfangstation sorgen für den historisch korrekten Rahmen. Gezeigt werden Ausstellungen zum Alltag der Arbeiter sowie die Verarbeitung der Heringe zu Öl und Mehl. In einer alten Bootshalle wurde ein Teil des Hafens mit mehreren Booten rekonstruiert. Die sehr authentische Präsentation lässt den Besucher

Der Norden ist die Wiege des Islandpferds, und als solche dürfen nur Tiere bezeichnet werden, deren Abstammung bis nach Island zurückverfolgt werden kann.

ISLANDPFERDE

Vielseitigkeit eines Arbeitstiers

Es kam mit den Siedlern im **9. Jahrhundert** nach Island, und von dort verbreitet es sich mittlerweile über die ganze Welt. Heute leben mehr Islandpferde außerhalb der Heimatinsel als dort. Rund 80 000 rein gezüchtete Islandpferde stehen vornehmlich in Deutschland, der Schweiz und in Schweden bis hin nach Grönland, Neuseeland und Australien, während rund **65 000 in Island** leben.

Islandpferde sind Vielseitigkeitspferde. Sie kamen ursprünglich als **Arbeitstiere** ins Land, um schwere Transporte zu erledigen oder um ihren Reitern zu ermöglichen, weite Strecken zurückzulegen, ohne zu ermüden. Die reißenden und unberechenbaren Gletscherflüsse der Insel wären ohne zuverlässige Pferde kaum zu überqueren gewesen, ehe es ab den 1920er-Jahren Brücken gab. Dabei zeigten sich ihre Stärke, ihr Mut und ihre Ausdauer in vollem Umfang, ebenso wie ihre Anpassung an das Klima. Im Gelände sind sie äußerst **trittsicher**, im Umgang fast ausnahmslos **freundlich**. So verwundert es nicht, dass der Meteorologe und Polarforscher Alfred Wegener auf seinen Grönlandexpeditionen von 1913 und 1930 Islandpferde einsetzte, die ihren harten Dienst allerdings mit dem Leben bezahlen mussten.

Islandpferde arbeiten heute unter anderen Vorzeichen, nämlich als **Freizeit- oder Turnierpferde**. Ihre fünf Gangarten beschenken die Reiter, fordern aber auch Sachkenntnis und Geschick, um sie rein und vollendet zu zeigen. Besonders gefragt ist dabei der **Tölt**, eine für den Reiter weiche Gangart, bei der jeweils nur ein Huf den Boden berührt. Beim **Rennpass**, der in Island auch fliegender Pass genannt wird, erreichen die Pferde ein hohes Tempo mit dramatischem Ausgreifen, welches jedoch nicht für lange Strecken geeignet ist.

Landesweit sind Reitervereine aktiv und veranstalten regelmäßig Turniere. Alle zwei Jahre findet das **Landsmót**, das Landestreffen der Pferde und Reiter, an wechselnden Orten statt – ein mehrere Tage dauerndes Fest der prämierten Zuchtpferde und der fähigsten Reiterinnen und Reiter. Das Landsmót zieht Tausende von Besuchern aus dem In- und Ausland an. Manches Pferd wechselt dabei seinen Besitzer, und sollte es ins Ausland verkauft werden, darf es nie wieder zurück nach Island kommen. Viele Tierkrankheiten sind dank der Insellage unbekannt, und in dieser Frage will man bei den seit Jahrhunderten rein gezüchteten Islandpferden kein Risiko eingehen.

Die treuen und tüchtigen Pferde sind nicht nur für ihren guten Charakter und das abwechslungsreiche Reiterlebnis bekannt, sondern auch für die hohe Bandbreite ihrer **Fellfarben**. Es gibt Schecken, Füchse, Apfelschimmel, Isabellen, Rappen, Braune mit dunkler Mähne, sogenannte Windfarbene mit dunklem Rumpf und heller, fast blonder Mähne, Farbwechsler und viele andere Schattierungen, für die es jeweils eine eigene Vokabel gibt. Weltweit einmalig sind der Hengst Ellert frá Baldurshaga und einige seiner Nachkommen mit der Farbstellung *yrjuskjóttur*, Sprenkelschecke – eine seltene Fellfarbe, die es bei keiner anderen Pferderasse gibt.

diese Zeit fast hautnah erleben. Im Sommer quillt beim großen Heringsfest jährlich Anfang August der Ort über von Besuchern, und überall wird die Heringsära wieder lebendig.

Snorragata 10 | Tel. 4 67 16 04 | www.sild.is | Juni–Aug. tgl. 10–18, Mai, Sept. 13–17 Uhr | Eintritt 1800 ISK

Essen und Trinken

Buntes Ensemble
AM HAFEN

Direkt am Hafen fallen drei Gebäude in kräftigen Farben auf. Im gelben Haus befindet sich das **Hannes Boy Café** (€€–€€€), ein Restaurant mit kleiner, aber ansprechender Speisekarte. Im roten Haus daneben bietet das **Kaffi Raudka** eine gute Kuchenauswahl sowie kleine Gerichte. Im blauen Haus stellt eine Galerie Kunsthandwerk aus.

GRÍMSEY E1

100 Einwohner

Eine klitzekleine Dorfkirche mit einem unechten Leonardo-da-Vinci-Gemälde, zwei Pensionen und Vögel en masse – das finden Gäste auf dem 5,3 km² kleinen **Eiland Grímsey**. In rund fünf Stunden ist Grímsey – wohlgemerkt zu Fuß – umrundet, dabei geht es vorbei an beeindruckenden **Basaltsäulen**, schroffen Klippen und einem kleinen Felsstück, das geografisch in die Arktis hineinragt, sprich nördlich des Polarkreises liegt. Als Beweis für zu Hause gibt es ein Polarkreis-Zertifikat.

Im Sommer verbindet die Fähre »Sæfari« Dalvík mit Grímsey (www.saefari.is), außerdem gibt es Flüge von Akureyri und Reykjavík

AKUREYRI E3

Stadtplan → S. 126

18 925 Einwohner

Die Halbinsel im Norden Islands sind fast menschenleer. Die meisten Orte liegen am Ende der Fjorde, so auch Akureyri, die **zweitgrößte Stadt** außerhalb der Hauptstadtregion. Für Handel, Bildung, Kultur und Dienstleistungen ist Akureyri das wichtigs-

Die Insel Grímsey ist ein Vogelparadies. Vor allem wer Papageitaucher aus nächster Nähe erleben möchte, wird hier nicht enttäuscht.

te Zentrum Nordislands. Neben einem **kleinen Altstadtkern** mit bunten Holzhäusern bietet die Stadt ihren Besuchern vielfältige Einkaufsmöglichkeiten und ein gutes Kulturprogramm.

Sehenswertes

❶ MENNINGARHÚSIÐ HOF

In dem auffälligen Bau mit interessanter Architektur sind das Theater, das nordisländische Symphonieorchester, das Kulturzentrum sowie die Touristeninformation untergebracht.

Strandgata 12 | Tel. 4 50 10 00 | www.mak.is

❷ LISTASAFNIÐ Á AKUREYRI

Seit 2012 gibt es das **Zentrum für Bildende Kunst**, entstanden aus mehreren Ausstellungsräumen in Akureyri – alle befinden sich zentral in einer Straße, der sogenannten »Kunstschlucht« (Listagil). Das Hauptaugenmerk der wechselnden Ausstellungen liegt auf moderner zeitgenössischer Kunst.

Kaupvangsstræti 12 | Tel. 4 61 26 10 | www.listasafn.akureyri.is | Juni–Aug. Di–So 10–17, sonst 12–17 Uhr | Eintritt frei

Akureyri

SEHENSWERTES

1 Menningarhúsið Hof

2 Listasafnið á Akureyri

3 Akureyrarkirkja

4 Lystigarður Akureyrar

5 Nonnahús

ÜBERNACHTEN

1 Hótel Kea

ESSEN UND TRINKEN

2 Café Laut

EINKAUFEN

3 Penninn Eymundsson

AKTIVITÄTEN

4 Ambassador

5 Iceland Fishing Guide

SERVICE

6 Touristen-information

WARTEN MIT HERZ

Bei einem Rundgang oder einer – übrigens kostenlosen – Fahrt mit den Stadtbussen fallen die Ampeln mit herzförmigem rotem Haltesignal auf – weltweit einzigartig. Sie verdanken ihre Existenz der Idee der Stadtverwaltung, nach dem Finanzcrash im Jahr 2008 ein positives Zeichen zu setzen.

❸ AKUREYRARKIRKJA

Weithin sichtbar auf einem Hügel mitten in der Stadt erhebt sich das Wahrzeichen, die moderne Akureyrarkirkja. Den 1940 eingeweihten Betonbau hat der Staatsarchitekt Guðjón Samúelsson entworfen, ebenfalls zuständig für die Hallgrimskirkja in Reykjavík. Das große **Kirchenfenster** stammt aus der im Zweiten Weltkrieg zerstörten Kathedrale von Coventry, die anderen stellen die isländische Kirchengeschichte dar.
Eyrarlandsvegur | Mo–Fr 10–19 Uhr

❹ LYSTIGARÐUR AKUREYRAR

Der Botanische Garten war der erste in Island, er wurde 1910 von Frauen aus Akureyri angelegt. Inzwischen werden hier neben einheimischen Pflanzen auch Gewächse aus anderen Ländern gezeigt und in Probefeldern getestet, inwieweit sie im doch rauen isländischen Klima gedeihen können.
Eyrarlandsvegur | Tel. 4 62 74 87 | www.lystigardur.akureyri.is | 1. Juni–30. Sept. Mo–Fr 8–22, Sa, So 9–22 Uhr | Eintritt frei

❺ NONNAHÚS

In dem kleinen Haus aus dem 19. Jh. verbrachte der Jesuitenpater und Autor Jón Sveinsson, auch bekannt als »Nonni«, seine Kindheit. Das 1957 zum 100. Geburtstag von Nonni eröffnete **Museum** zeigt persönliche Gegenstände sowie alle seine Bücher, die er in Deutsch geschrieben hat. Bis heute wurden sie in etwa 40 Sprachen übersetzt.
Aðalstræti 54 | Tel. 4 62 35 55 | Juni–Aug. tgl. 10–17, Okt.–Mai 13–16 Uhr | Eintritt 1000 ISK

Übernachten

① *Komfortabel*
HÓTEL KEA

Vier-Sterne-Komfort im Business-Stil im Zentrum. Am schönsten sind die Zimmer mit Balkon und Fjordblick.

Hafnarstræti 87-89 | Tel. 4 60 20 00 | www.hotelkea.is | 104 Zimmer | €€€

Essen und Trinken

② *Im Grünen*
CAFÉ LAUT

Das Café im Botanischen Garten besitzt natürlich eine Sonnenterrasse mit Blick auf blühende Blumen. Ideal für Kaffee und Kuchen oder ein günstiges Mittagessen.

Eyrarlandsvegur 30 | Tel. 4 60 56 00 | im Sommer tgl. 11–18 Uhr | €

Einkaufen

③ *Bücher und Kaffee*
PENNINN EYMUNDSSON

Erstaunlich viele Einheimische gehen in die Buchhandlung Penninn Eymundsson mit angeschlossenem Café zum Kaffeetrinken oder informieren sich über die neuesten Buchveröffentlichungen.

Im Sortiment sind auch viele fremdsprachliche Bücher, und es gibt kostenloses WLAN.

Hafnarstræti 91-93 | Tel. 5 40 21 80 | Mo–Fr 9–22, Sa, So 10–22 Uhr

Aktivitäten

④ *Walbeobachtung*
AMBASSADOR

Die »Ambassador«, ein ehemaliges deutsches Polizeischiff, wurde in Island zum Tourboot für die Walbeobachtung umfunktioniert.

Torfunefsbryggja | Tel. 4 62 68 00 | www.ambassador.is | Juni–Aug. tgl. bis zu 6 Touren, sonst 1–3 | ab 10 900 ISK

⑤ *Lachs & Co.*
ICELAND FISHING GUIDE

Angelausflüge für Anfänger und Profis.

Tel. 6 60 16 42 | www.iceland fishingguide.com

Service

⑥ *Auskunft*
TOURISTEN-INFORMATION

Strandgata 12 | Tel. 4 50 10 50 | www.visitakureyri.is | Juni–Sept. tgl. 8–18, Okt.–Mai Mo–Fr 8.15–16 Uhr

Eine traumhafte, friedliche Atmosphäre umgibt den Eyjafjörður, wenn im Sommer die Mitternachtssonne ihr sanftes Licht über die Landschaft ausbreitet.

GAMLI BÆRINN LAUFÁS E2

Ein mautpflichtiger Tunnel kürzt die Strecke von Akureyri in den Osten ab, empfehlenswert ist aber die alte Strecke über die **Straße 83** mit fantastischem Ausblick auf den **Eyjafjörður**.

Richtung Norden sollte man dem Schild nach **Laufás** folgen. In dem typisch isländischen **Grassodenhof** lebten früher 20 bis 30 Menschen, damit war er erheblich größer als die meisten bewirtschafteten Höfe der damaligen Zeit. Die Innenräume spiegeln die Zeit um 1900 wider, bewohnt war das Anwesen bis 1936. Die mit weißen Brettern verkleidete Front vom Ende des 19. Jh. zeugt davon, dass Laufás damals ein reicher Hof war.

Es lohnt sich, bei schönem Wetter eine Pause in einer der Haltebuchten entlang der Straße zu machen und den Fjord zu beobachten. Manchmal sieht man **Buckelwale** springen! Grýtubakkahreppur | Tel. 4 63 31 96 | www.minjasafnid.is | 15. Mai bis 1. Okt. tgl. 9–17 Uhr | Eintritt 1600 ISK

Aktivitäten

PÓLAR HESTAR

Auf der Farm Grýtubakki leben mehr als 100 Islandpferde. Das isländisch-deutsche Paar Stefan und Juliane organisiert für Urlauber unterschiedlich lange Reittouren. Grýtubakki | Tel. 4 63 31 79 | www.polarhestar.is | 1 Std. ab 6500 ISK, mehrtägige Touren ab 1580 €

Die Lupine und der Kampf gegen Windmühlen

Bewusst nach 1945 an unterschiedlichen Stellen Islands ausgesät, verbreitete sich die **Alaskalupine** *(Lupinus nootkatensis)* rasch in der Wildnis und im kultivierten Gebiet. Vielerorts gilt sie heute als **Plage**. Gnadenlos erdrückt sie die endemische, sensible Vegetation. Unbestritten ist sie schmuck und fotogen, wenn sie violett unter einem blauen Sommerhimmel auf den schwarzen Sandern der Südküste blüht, mit den weißen Gletscherzungen im Hintergrund. Sie reichert den Boden mit Stickstoff an und macht die Sander damit fruchtbarer. Zudem bindet sie den Sand, um Verwehungen im Vorfeld der Gletscher zu verhindern. Stellenweise wurde versucht, Birkensetzlinge im Lupinendickicht ansiedeln. Gelingt es diesen, aus dem Schatten emporzuwachsen, was Jahre dauern kann, gibt die Lupine nach und nach auf. In anderen Gebieten wird sie untergepflügt, um der nächsten Vegetationsart Platz zu machen. Doch jedes Lebewesen folgt seinen eigenen Geboten, so auch die Lupine. Ihre **langlebigen Samen** in der obersten Erdschicht sind zäh und keimen auch Jahre nach dem Mähen oder Unterpflügen wieder auf. Heute bedeckt die Alaskalupine rund 0,3 Prozent der Landesfläche, während Aufforstungen und Wälder 1,2 Prozent der Fläche einnehmen.

Ein wenig ist es wie mit Goethes Zauberlehrling: Die Geister, die man rief, wird man nun nicht los. Ein anderer invasiver und nicht zu bändigender Vertreter der neuen isländischen Flora ist **Wiesenkerbel** *(Anthriscus sylvestri)*. In guter Absicht wurde er als Gartenzierde nach dänischem Vorbild um 1930 zuerst in Akureyri angesiedelt, und von dort machte er sich auf zur Eroberung weiter Landesteile. Weiß blühend und duftend lockt er im Sommer Bienen und Insekten an, setzt sich aber dem sonst so gefürchteten Schafverbiss erfolgreich entgegen. Pferde missachten diese Pflanze komplett. Selbst zum menschlichen Verzehr taugt der Wiesenkerbel nur bedingt – also wohin damit?

Für manche ist sie schmückende Zierde im Garten, isländischen Naturschützern hingegen ist die verbreitungsfreudige Alaskalupine ein Dorn im Auge.

Einige Kommunen rufen ihre Einwohner dazu auf, an bestimmten Tagen anzutreten und **Wiesenkerbel auszureißen** beziehungsweise **Lupinen zu mähen**, darunter Bolungarvík in den Westfjorden. Der Erfolg des Tages wird am gemeinsamen Würstchengrill gefeiert. Auch die Insel Hrísey oder das Gebiet Bláskógarbyggð mit Geysir und Gullfoss geben Informationsblätter aus und bereiten Aktionen vor, um dem unbeliebten Kraut mit geeinten Kräften Herr zu werden. Selbst das isländische Straßenamt wird dabei miteinbezogen.

Wenn man bedenkt, wie kahl sich die isländische Landschaft streckenweise darstellt, mag es seltsam anmuten, dass der Vegetation, die sich freiwillig auf dem kargen Boden ausbreitet, zu Leibe gerückt werden soll. Erst recht unter dem Vorzeichen, dass zahlreiche der zur Aufforstung empfohlenen und verwendeten Baumarten, Weiden wie Eschen, ebenfalls wie die Lupine **aus Alaska stammen**. Ganz zu schweigen von Nadelhölzern, die in keinen historischen Schriften erwähnt werden, weil es sie ursprünglich in Island gar nicht gab.

GOĐAFOSS E2

Der »Götterfall« Goðafoss, ein nicht sehr hoher, aber sehr fotogener Wasserfall auf dem Weg von Akureyri zum Mývatn, verdankt seinen Namen dem Goden Þorgeir, der sich vor rund 1000 Jahren in Þingvellir zum Christentum bekannte und daraufhin seine heidnischen Götterstatuen in diesen Wasserfall geworfen haben soll.

MERIAN TOP 10

MÝVATN F3

Der viertgrößte See Islands besitzt nur eine maximale Tiefe von 4 m, Inseln und Buchten gliedern seine Ufer, die von sattgrünem Gras bedeckt sind. Auf den Wiesen weiden Schafe und Pferde. Die liebliche Landschaft wird obendrein von der Sonne verwöhnt, denn ein Großteil der Niederschläge regnet sich am Vatnajökull ab. Im Wasser tummeln sich Forellen und auf dem See neben Singschwänen und Ohrentauchern auch diverse Entenarten. Leider trägt der Mývatn (»Mückensee«) den Namen zu Recht, zumindest zeitweise. Die Zuckmücken sind harmlos, aber lästig, zu den Flugzeiten ist ein Insektenschutznetz anzuraten, das man überall erstehen kann. Der friedliche See und das Grün drum herum täuschen hinweg über die vielfältigen **vulkanischen Aktivitäten** in seiner Nähe entlang der auseinanderdriftenden eurasischen und amerikanischen Kontinentalplatten.

Reykjahlíð am Nordostufer des Sees ist das größte Touristenzentrum mit Hotels, Gästehäusern und Campingplätzen. Beim sogenannten »Mývatn-Feuer« 1729 entgingen die Menschen hier nur knapp einer Katastrophe, als der Lavastrom – der noch heute gut zu erkennen ist – die Häuser zerstörte, aber nicht die Kirche auf dem Hügel, in die sie sich geflüchtet hatten. Eine wortgewaltige Predigt des Pastors soll den Lavastrom vom weiteren Vordringen abgehalten haben.

Der winterliche Goðafoss als denkbar spektakuläre Kulisse für das waghalsige Kajakabenteuer eines Extremsportlers.

In geradezu lieblichem Kontrast zum Island der Krater und Vulkane steht die kleine bewaldete Halbinsel Höfði mit ihren hübschen Spazierwegen.

Sehenswertes

Am Ostufer sticht der 463 m hohe Tuffring **Hverfjall**, einer der größten Explosionskrater weltweit, ins Auge. Nicht weit entfernt liegt **Dimmuborgir** (»Dunkle Burgen«), ein Areal mit bizarren Lavaformationen. Mit ein wenig Fantasie erkennt man in den Lavatürmen Gesichter und Figuren, die an Trolle erinnern. Am Südufer bei **Skútustaðir** gibt es zahlreiche grüne Hügel, sogenannte **Pseudokrater**. Es sind keine Vulkanschlote, ihre Entstehung geht auf Dampfexplosionen über einem Lavastrom zurück. Auf den moorigen Wiesen im Westen lassen sich besonders gut vielerlei Vögel beobachten.

FUGLASAFN

Für Ornithologen und Liebhaber der Avifauna bietet sich das **Vogelmuseum** auf der Nordseite des Sees auf einer kleinen Halbinsel an. Es zeigt mit einer Ausnahme alle in Island brütenden Vögel in einer interaktiven Ausstellung.

Neslönd | Tel. 4 64 44 77 | www.fuglasafn.is | 15. Mai–31. Okt. tgl. 12–17, 1. Nov–11. Mai 14–16 Uhr | Eintritt 1800 ISK

HÖFÐI

Einen Moment der beschaulichen Ruhe schenkt dem Besucher ein Rundgang auf der kleinen naturgeschützten **Halbinsel** Höfði im Ostteil des Sees. Sie ist dicht mit Bäumen bewachsen, auf verschlungenen Pfaden öffnen sich immer wieder neue Ausblicke auf den See und die reiche Vogelwelt.

NÁMAFJALL

Der Berg Námafjall ist ein Bergrücken mit **aktiven heißen Quellen und Schlammtöpfen,** es führen markierte Wanderwege hinauf. Von seinem Gipfel hat man eine gute Aussicht über den See Mývatn und die Wüste **Möðrudalsöræfi**.

Bequem mit dem Auto zu erreichen erstreckt sich auf seiner Ostseite das **Hochtemperaturgebiet Hvelarönd**. In diesem Gebiet, einem der bekanntesten Islands, zischt und blubbert es aus Solfataren, kochenden Schlammtümpeln und Schlammtöpfen sowie Fumarolen verschiedenster Art.

Im Hochtemperaturgebiet auf der Westseite befindet sich das kleine **Geothermalkraftwerk Bjarnaflag** mit einem türkisfarbenen Überlaufsee, doch Baden ist aufgrund der stark wechselnden Zulauftemperatur nicht gestattet.

5 km östl. vom Mývatn

KRAFLA

Im 18. Jh. war der **Zentralvulkan Krafla** für eine ganze Ausbruchsserie, das sogenannte »Mývatn-Feuer«, verantwortlich. Dabei entstanden u. a. der **Viti-Krater** und die **Leirhnjúkur-Spalte,** die jeweils große Magmamengen förderten. Letztmals war der Vulkan während des »Krafla-Feuers« zwischen 1975 und 1984 aktiv. Das Geothermalkraftwerk Kröfluvirkjun zapft die Energie aus dem Erdinnern an. Im **Besucherzentrum** nur einige Kilometer nordöstlich vom Mývatn kann man sich über Bau und Betrieb der Anlage informieren (Juni–Aug. tgl. 10–17 Uhr). Kurz hinter dem Kraftwerk beginnen am Parkplatz Spazierwege zum Viti-Krater mit seinem türkisfarbenen See sowie zum Lavafeld Leirhnjúkur.

15 km nordöstl. vom Mývatn

Übernachten

Der Mývatn gehört zu den beliebten Reisezielen Islands, eine Reservierung der Unterkunft ist daher ratsam. Wer dem Trubel entfliehen möchte, sucht besser ein paar Kilometer entfernt vom See.

Naturnah
VOGAFJÓS GUESTHOUSE

Kleine, gemütliche Hütten im Blockhausstil auf einem Bauernhof. Wer früh genug aufsteht, kann beim Frühstück im Cowshed-Café durch eine Glasscheibe beim Melken der Kühe zuschauen.

Vogar | Tel. 4 64 38 00 | www. vogafjosfarmresort.is | 20 Zimmer | €€€

Blick auf Polarlichter
EINISHÚS COTTAGES

Auf dem Weg nach Húsavík liegen diese Ferienhäuser auf dem Hof Einarsstaðir. Jedes ist modern eingerichtet und hat auf der Terrasse einen eigenen Hot Pot, von dem aus man im Winter wunderbar die Nordlichter bewundern kann.

Einarsstaðir II | Tel. 8 65 49 10 | www.einishus.com | 5 Häuser mit jeweils 4 Betten | €€€

Essen und Trinken

Lokale Küche
VOGAFJÓS RESTAURANT

Die Spezialität des Restauants ist das *hverabrauð*, ein dunkles Roggenbrot, das mehrere Stunden im Erdofen gebacken wird. Es gibt auch hausgebackenen Kuchen, Lamm und Forelle. Viele der Zutaten kommen vom eigenen Hof.

Vogar | Tel. 4 64 38 00 | www.vogafjosfarmresort.is | tgl. 8–23 Uhr | €€–€€€

Aktivitäten

Rund um den See gibt es viele Wanderwege, eine kostenlose Karte erhält man in der Touristeninformation.

Lagune am See
JARÐBÖÐIN VIÐ MÝVATN

Das Naturbad ist so schön wie die Blaue Lagune, nur nicht so groß und so überlaufen – auch der Preis ist noch fair. Vom Planschbecken mit milchig blauem Wasser zwischen Lavafelsen bietet sich ein toller Blick auf den Mývatn. Außerdem natürliche Dampfbäder.

Jardbadsholar | Tel. 4 64 44 11 | www.myvatnnaturebaths.is | tgl. 12–22 Uhr, an Neujahr geschl. | 5500 ISK im Sommer, 5000 ISK im Winter

Island von oben
MÝFLUG AIR

Im Sommer werden tgl. Rundflüge über Mývatn, Dettifoss, Jökulsárgljúfir, Askja, Kverkfjöll und die Insel Grímsey angeboten. Besonders beeindruckend ist der Flug über das menschenleere Hochland zu den Kverkfjöll, einem Hochtemperaturgebiet in den Bergen des Vatnajökull.
Tel. 4 64 44 00 | www.myflug.is | ab 21 000 ISK

Stippvisite ins Hochland
MÝVATN TOURS

Von Reykjahlíð starten tgl. Tagestouren ins Hochland zur Askja. Eine gute Gelegenheit für die, die nicht mit einem 4x4 unterwegs sind, ins Hochland reinzuschnuppern.
Tel. 4 64 19 20 | www.myvatn tours.is | 23 000 ISK

Service

Auskunft
MÝVATN VISITOR CENTER

Reykjahlíð | Mývatnsstofa | Hraunvegur 8 | Tel. 4 64 43 90 | www.visit myvatn.is | Juni–Aug. tgl. 7.30–20.30, sonst Mo–Fr 9–12 Uhr

MERIAN TOP 10

HÚSAVÍK E2

2200 Einwohner

Der kleine Fischerort an der weiten Skjálfandi-Bucht lockt seit einiger Zeit Besucher vor allem zur **Walbeobachtung** an. Sehenswert ist die stattliche Holzkirche von 1907 im Zentrum, und auch die Aussicht nach einer Wanderung auf den Hausberg Húsavíkurfjall östlich des Orts lohnt.

Sehenswertes

HVALASAFNIÐ Á HÚSAVÍK

Im ehemaligen Schlachthaus befindet sich jetzt ein großes **Walmuseum**, das umfassend über die riesigen Meeressäuger wissenschaftlich korrekt und trotzdem unterhaltsam informiert. Eine sehr anschauliche Vorstellung von der Größe der Wale vermitteln die von der Decke hängenden Skelette. Eine ideale Ergänzung zu einer Walbeobachtungstour.

Hafnarstétt 1 | Tel. 4 14 28 00 | www.hvalasafn.is | Juni–Sept. tgl. 9–19, Okt.–Mai 10–17 Uhr | Eintritt 2000 ISK

Übernachten

Ruhig in Stadtnähe
KALDBAKS-KOT COTTAGES

Sehr ruhig am Ortsrand liegen die Ferienhäuser, zum Teil mit Hot Pot auf der Veranda. Alle bis auf ein ganz kleines sind mit Kochecke und Bad ausgestattet.

Kaldbakur | Tel. 8 92 17 44 | www.cottages.is | 18 Ferienhäuser für 2–10 Pers. | €€–€€€

Viel Platz am Meer
MÁNÁRBAKKI

Wer mit Wohnwagen oder Zelt unterwegs ist, sollte unbedingt eine Nacht auf diesem sehr schönen, riesigen Platz direkt am Meer verbringen. Windschutz durch große Heuballen, alles ist neu und sehr sauber, es gibt eine Küche und einen beheizten Aufenthaltsraum, und der Betreiber ist nett.

Mánárbakki, 20 km nördl. von Húsavík | Tel. 8 98 04 24 | ganzjährig geöffnet | €

Essen und Trinken

Hafenblick
GAMLI BAUKUR

Das urige, aus Treibholz errichtete Lokal serviert leckere Gerichte aus Fisch und Lamm. Abends gibt es oft Livemusik, von Klassik bis Heavy Metal. Im Sommer ist die Sonnenterrasse besonders beliebt.

Hafnarstett 9 | Tel. 4 64 24 42 | www.gamlibaukur.is | So–Do 11.30–23, Fr, Sa 11.30–1 Uhr | €€–€€€

Aktivitäten

Meeressäuger erleben
WALBEOBACHTUNG

Zwei Veranstalter buhlen um die Gunst der Kunden und tuckern mehrmals tgl. zur Walbeobachtung aus dem Hafen. Weit brauchen sie in der Regel nicht zu fahren, denn die Bucht bietet den Walen, darunter Zwerg-, Buckel-, Pott-, Schweins- und Finnwale, ideale Verhältnisse. Wegen der angeblich 99%igen Er-

Der malerische Fischerort Húsavík hat sich höchst werbeträchtig selbst den Beinamen »Walhauptstadt Islands« verliehen und lockt damit viele Besucher an.

folgsgarantie bezeichnet sich Húsavík als »Hauptstadt der Walbeobachtung Europas«.

– Gentle Giants | Tel. 4 64 15 00 | www.gentlegiants.is | 3-Std.-Tour 10 490 ISK

– North Sailing | Tel. 4 64 72 72 | www.northsailing.is | 3-Std.-Tour 10 690 ISK

Ticketbüros direkt am Hafen, Reservierung am Vortag empfehlenswert, Saison April–Okt.

Wellness mit Aussicht
GEOSEA

GeoSea ist ein Bad mit geothermalem Meereswasser, das sich vorteilhaft auf mancherlei Hautirritationen auswirken kann. Das natürlich heiße Wasser stammt aus zwei Bohrlöchern in der Umgebung. Von den heißen Becken aus hat man freien Blick auf den Ozean und kann mit viel Glück auch die Walbeobachtungsschiffe und Wale sehen.

Vitaslóð 1 | Tel. 4 64 12 10 | www.geosea.is | Mai–Sept. tgl. 10–24, Okt.–April 12–22 Uhr | 4300 ISK

Service

Auskunft
TOURISTEN-INFORMATION

Húsavíkurstofa, im Walmuseum | Tel. 4 64 43 00 | www.visithusavik. com | geöffnet wie das Museum

Er ist ein tosender, beeindruckender Gigant unter den isländischen Wasserfällen: der Dettifoss, hier von der Westseite her aufgenommen.

JÖKULSÁRGLJÚFUR F2

Die Schluchten des Gletscherflusses Jökulsá á Fjöllum, die Ásbyrgi-Schlucht, mehrere Wasserfälle und zahlreiche Lavaformationen gehören zu den Sehenswürdigkeiten des 120 km² großen **Jökulsárgljúfur-Nationalparks**, der seit 2008 den nördlichen Teil des Vatnajökull-Nationalparks umfasst.

Sehenswertes

ÁSBYRGI

Rund 3,5 km lang, 1 km breit und 100 m tief ist die **Ásbyrgi-Schlucht**. Der in sie hineinragende Keil Eyjan verleiht ihr das Aussehen eines Hufeisens. Im Volksglauben soll Odins achtbeiniges Pferd Sleipnir diesen Hufabdruck hinterlassen haben. Vom Campingplatz kann man den Felskeil relativ einfach erklimmen und so die Hufeisenform besonders gut erkennen.

SELFOSS UND DETTIFOSS

Die Jökulsá á Fjöllum entspringt am Nordrand des Vatnajökull, sie entwässert mehrere Zungen des riesigen Gletschers und wird so zu einem der mächtigsten Ströme Islands, der auf seinem Weg auch über mehrere Wasserfälle in die Tiefe stürzt. Der 12 m hohe **Selfoss** macht den Anfang, dann kommt der 44 m hohe und 100 m breite **Dettifoss**, unterhalb liegt noch der 27 m hohe **Hafragilsfoss**. Die Erosionswirkung des Wassers ist so stark, dass die Schlucht immer tiefer wird und die Fallkante des Dettifoss jedes Jahr bis zu 1 m weiter flussaufwärts wandert. Alle drei Wasserfälle sind durch einen markierten Wanderweg miteinander verbunden.

Es gibt zwei Zufahrtswege zu den Fällen, der westliche davon – die Straße 862 – ist gut ausgebaut und auch für normale Pkw problemlos befahrbar.

MELRAKKASLÉTTA F1/2

Die Halbinsel Melrakkaslétta ragt im Nordosten Islands zwischen Öxarfjörður und Þistilfjörður in den Nordatlantik. Im Westen der Halbinsel wird das spärliche Grün oft von Geröll unterbrochen. Der mit kleinen Seen und Mooren gesprenkelte Osten wirkt etwas freundlicher. Im Deutschen bedeutet der Name »Ebene der Polarfüchse«. Die gibt es hier reichlich, vielleicht auch, weil sie menschenscheu sind und die Gegend weitgehend verlassen ist. Die beiden Orte **Kópasker** und **Raufarhöfn** sind winzig und verschlafen, ansonsten liegt an der Küstenstraße noch hin und wieder ein Bauernhof, aber nicht alle sind noch bewirtschaftet.

Sehenswertes

ARCTIC HENGE

Am Rand von Raufarhöfn steht auf einer Anhöhe die eigenwillige, kreisförmige Anlage Arctic Henge. Das moderne Werk des Vordenkers Erlingur Thoroddsen ist im Entstehen befindliche **Landschaftskunst** aus großen Basaltsteinen und steht in enger Verbindung mit dem Glauben der Heiden (Ásatrú). Die vier Tore eröffnen zauberhafte Ausblicke bei Sonnenauf- oder -untergang. Es ist daran gedacht, im weiteren Ausbau die Zwerge der »Edda« symbolisch zu integrieren.

Aktivitäten

Mit kleinen Hilfsmitteln ans Ziel
VOGELFELSEN RAUÐINÚPUR

Eine Wanderung zum Rauði-
núpur zur größten Basstölpel-
kolonie Europas führt an
einem Brutgebiet der **Krías**
vorbei, der Küstenseeschwal-
be, die aggressiv die Eindring-
linge zu vertreiben sucht. Es
ist hilfreich einen Stock über
der Schulter zu tragen und
eine Kopfbedeckung zu ha-
ben, denn die Vögel greifen
immer den höchsten Punkt
an. Die Schnabelhiebe können
ohne Schutz schmerzhaft sein.
Start am Bauernhof Núpskatla,
23 km nördl. von Kópasker

ÞÓRSHÖFN G2

360 Einwohner

Das kleine Dorf am Rand zu Ostisland bietet eine erstaunliche
Infrastruktur mit Schwimmbad, Einkaufsmöglichkeit sowie
verschiedene Unterkünfte und einen Campingplatz. Es gibt sogar einen kleinen Flughafen, von dem regelmäßig Flüge nach
und von Reykjavík und Akureyri abgewickelt werden.

Essen und Trinken

Berühmte Cocktails
BÁRAN

Im Restaurant Báran sitzt
man gemütlich am Hafen
und genießt den Fisch frisch
vom Dock nebenan. Der
Koch lässt sich immer wieder
neue originelle Gerichte einfallen, und den Cocktails eilt
ein legendärer Ruf voraus.
Eyrarvegur 3 | Tel. 4 68 12 50 |
www.baranrestaurant.is | im
Sommer Mi, Do, So 11–22,
Di, Sa 17–22 Uhr | €€–€€€

 9 MERIAN EMPFEHLUNG

MÖÐRUDALUR F3

Der in Island höchstgelegene Hof Möðrudalur gehört zu den
wenigen, die von den am Rand des Hochlandes errichteten
Höfen des 18. und 19. Jh. verblieben sind. Halldór Laxness
schreibt sehr eindringlich darüber in seinem Buch »Sein eige-

ner Herr«. Folgt man dem Verlauf der Ringstraße über die **Möðrudalsheiði**, erinnern viele Hinweisschilder (Hofnamen, das Hofsymbol durchkreuzt) an die aufgegebenen Katen.

Möðrudalur selbst geht auf die **Besiedlungszeit Islands** zurück. Die Kirche wurde vom damaligen Bauern in Gedenken an seine Frau gebaut und u. a. mit einem selbst gemalten Altarbild ausgestattet. Der Hof liegt in völliger Einsamkeit, erlebt aber jeden Sommer hektische Betriebsamkeit, wenn Tagestouristen auf dem Weg ins Hochland hier einkehren. Abends stellt sich aber wieder eine himmlische Ruhe ein und man kann im Schein der Mitternachtssonne die kleinen Polarfüchse spielen sehen, die häufig im Sommer hier von Hand aufgezogen werden, wenn sie ihre Mütter verloren haben.

Übernachten

Zimmer und Zelte
FJALLADÝRÐ
Modernes Hotel in Holzbauweise, einfache Gästezimmer, Übernachtung im Schlafsaal und Camping.
Möðrudalur | Tel. 4 71 18 58 | www.fjalladyrd.is | verschiedene Zimmer und Hütten | €€–€€€€

Essen und Trinken

Ursprüngliche Kost
FJALLAKAFFI
Im Fjallakaffi werden traditionelle Speisen aus lokaler Produktion serviert, darunter Wildgans und Saibling aus den Seen der Umgebung. Früher wurde in Notzeiten auch die Strauchflechte Isländisch Moos als Nahrungsmittel verwendet, hier kann man sie in einer Suppe probieren.
www.fjalladyrd.is | Frühstücksbuffet ab 7 Uhr, Abendessen ab 18.30 Uhr | €€–€€€

Aktivitäten

Im Heli übers Hochland
VOLCANOHELI
Möðrudalur bietet verschiedene Touren in die Umgebung an, u. a. die anspruchsvolle Besteigung des Berges Herðubreið mit einem örtlichen Guide (ab drei Personen, 36 000 ISK). Auch Helikoptertouren über das Hochland sind von hier aus möglich.
Tel. 6 47 33 00 | www.volcano heli.is | Touren im Nordosten ab 39 900 ISK

DER OSTEN

Im Nordosten dominieren die weiten Buchten des Þistilfjörður, Bakkaflói, Vopnafjörður und Héraðsflói, südlich davon werden die Fjorde enger und die Berge höher. Die meisten Orte liegen dort direkt am Wasser, nur Egilsstaðir hat keinen Zugang zum Meer.

Wegen der oft nur schmalen Küstenstreifen und des unzugänglichen Berglands bleibt nur wenig Platz für Ansiedlungen. Nur am Ende einiger Fjorde reichen **grüne Täler** ins Landesinnere. Die Straßen führen um jeden Fjord herum, was das Reisen zeitintensiv macht. Als Belohnung warten aber immer wieder spektakuläre Ausblicke. Im Innern der Fjorde liegen **geschützte Häfen**, seit jeher die Lebensgrundlage der meist winzigen Orte. Die goldenen Zeiten des **Heringsbooms** sind auch hier längst vorbei, verlassene Höfe und sinkende Einwohnerzahlen zeugen von den Schwierigkeiten. Die Ringstraße – Hauptverkehrsader der Insel – verläuft über weite Strecken in einiger Entfernung zur Küste, einige Orte wie **Bakkagerði**, **Seyðisfjörður** oder **Neskaupstaður** liegen zudem am Ende von Sackgassen, und im Winter blockiert häufig Schnee die Passstraßen, was die Orte noch mehr vom Rest der Insel abschneidet.

Allgemeine Informationen über Ostisland bietet die Webseite www.east.is

Die Ostfjorde besitzen landschaftliche Ähnlichkeit mit den Westfjorden, nur dass hier alles eine Nummer kleiner ausfällt, aber mindestens ebenso schön ist. Auch diese Region ist **geologisch relativ alt**, denn sie liegt weit entfernt von den vulkanisch aktiven Zonen der Insel. Typisch ist deshalb der **dunkle, oft vielfach geschichtete Basalt**, der seine heutige Form den Gletschern der letzten Eiszeit verdankt.

Der Herbst zaubert noch einmal eine ganz andere Stimmung in Island herbei,
wie hier nordöstlich von Vopnafjörður an der Küste des gleichnamigen Fjords.

VOPNAFJÖRÐUR G2

600 Einwohner

Vopnafjörður am gleichnamigen Fjord liegt am Ostufer der
Landzunge **Kolbeinstangi** und entzückt durch seine bunten
Häuser. Drei recht grüne Täler – **Selárdalur**, **Vesturárdalur**
und **Hofsárdalur** – erstrecken sich vom Ort ins Landesinnere.
Die Flüsse sind lachsreich, die Angellizenzen dementsprechend teuer. In der Nähe des Ortes laden schöne Sandstrände
zu Spaziergängen ein. Literarisch verewigt hat der Schriftsteller Gunnar Gunnarsson (1889–1975) die Gegend um Vopnafjörður in seinen Romanen.

Wer auf dem Weg weiter in den Süden ist, sollte an einem
schönen Tag unbedingt die Straße über den Pass **Hellisheiði**
(Straße 917) nehmen. Die Strecke ist anspruchsvoll, sie windet
sich in vielen Spitzkehren von Meereshöhe bis auf 730 m – bei
einer Steigung bis 24 % nichts für ängstliche Gemüter –, ent-
schädigt dann aber mit traumhaften Ausblicken auf den zu-
rückliegenden Fjord und die weite Bucht des **Heraðsflói**. Bei
Regenwetter ist die Strecke nicht zu empfehlen, da der Pass
dann oft in dichten Nebel gehüllt ist.

Sehenswertes

BUSTARFELL

Noch bis 1966 wurde der **Grassodenhof** von einer wohlhabenden Familie bewohnt. Doch schon mehr als 20 Jahre zuvor hatte der Inhaber, Methúsalem Methúsalemsson, die Gebäude, von denen einige bis in das Jahr 1770 zurückgehen, dem Staat geschenkt – allerdings mit der Auflage, das sechsgieblige Gehöft mit 27 Räumen als Museum für die Nachwelt zu erhalten.

Unbedingt im angeschlossenen Café die frischen Waffeln mit hausgemachter Rhabarbermarmelade und frischer Schlagsahne probieren. Das Café stellt regelmäßig wechselnd Werke zeitgenössischer isländischer Künstler aus.

22 km südwestl. von Vopnafjörður | Tel. 8 55 45 11 | www.bustarfell.is | 1. Juni–20. Sept. tgl. 10–17 Uhr | Eintritt 1100 ISK

KAUPVANGUR

Im **Kulturzentrum** Kaupvangur befindet sich neben einer Ausstellung zu den in Vopnafjörður geborenen Jazzmusikern und Brüdern Jón Múli und Jónas Árnason ein nettes **Café** (€€) mit frischen Gerichten und ausgefallenen Pizzen. Außerdem ist hier die **Touristeninformation** untergebracht.

Hafnarbyggð 4a | www.vopnafjordur.com, www.kaupvangskaffi.com | Mitte Mai–Ende Okt. tgl. 11–21, Ende Okt.–Mitte Mai 17–20 Uhr

Übernachten

Top-Frühstück
HVAMMSGERÐI B & B

Im Bauernhof Hvammsgerði übernachtet man in einfachen, aber freundlich und hell eingerichteten Zimmern. Der Empfang ist sehr herzlich und familiär, man darf die Küche und das Wohnzimmer mitbenutzen und erhält viele wertvolle Tipps für die Erkundung der Umgebung. Sehr empfehlenswert ist das Frühstück mit hofeigenen Eiern, frischem, selbst gebackenem Brot und anderen Leckereien wie hausgeräucherter Forelle.

Hvammsgerði, 9 km nördl. von Vopnafjörður | Tel. 5 88 12 98 | auf Facebook, E-Mail: stay@ hvammsgerdi.is | Mai–Okt. | 6 Zimmer | €€

Aktivitäten

Wohltuendes Bad
SELÁRDALSLAUG
Wer Zeit hat, sollte sich dieses Schwimmbad mit Hot Pot am Fluss Sélá nicht entgehen lassen, seine Existenz verdankt es einer heißen Quelle direkt am Flussufer.

Selárdalslaug | Tel. 4 73 14 99 | Mai–Aug. tgl. 12–22, Sept.–April Di–Fr 14–18, Sa, So 12–16 Uhr | 900 ISK

Klippen und Wasserfälle
WANDERUNGEN
Die Gegend ist reich an Wandermöglichkeiten, sei es nun entlang der bizarren Klippen des Fuglabjargarnes, entlang der Wasserfälle von Drangsnes oder in die grünen Weiten des Sunnudalur. Kleine Broschüren mit der Beschreibung der Wanderwege sind kostenlos in der Touristeninformation im Kulturzentrum Kaupvangur erhältlich.

EGILSSTAÐIR G3
2500 Einwohner

Nähert man sich Egilsstaðir, fallen die **Wälder** auf. Überall in Island sind Anstrengungen sichtbar, das Land wieder zu begrünen, nachdem jahrhundertelange Überweidung den Bäumen bis auf ganz wenige Stellen den Garaus gemacht hat. Rund um den Ort und den lang gestreckten See Lagarfljót reichen diese Bemühungen weit ins letzte Jahrhundert zurück.

Der **größte Ort Ostislands** wurde erst 1947 gegründet und fungiert seit dem Bau der Brücke über den Lagarfljót als Verkehrsknotenpunkt und Dienstleistungszentrum. Er liegt in einem grünen Tal, das landwirtschaftlich genutzt wird.

Sehenswertes

MINJASAFN AUSTURLANDS
Das kleine **Heimatmuseum** präsentiert die Kulturgeschichte der Region, dazu gehört ein Bauernhaus aus dem 19. Jh. und eine Brosche aus der Wikingerzeit.

Laufskógar 1 | Tel. 4 71 14 12 | www.minjasafn.is | Juni–Aug. tgl. 10–18, Sept.–Mai Di–Fr 11–16 Uhr | Eintritt 1200 ISK

Der Nationalforst Hallormsstaðaskógur am Ostufer des Sees Lagarfljót umfasst knapp 7,5 Quadratkilometer und ist damit der größte Wald Islands.

👁 IM VORBEIGEHEN ENTDECKT

DICHTKUNST FÜR SPAZIERGÄNGER

Wer aufmerksam durch den Ort geht, entdeckt immer wieder auf Mauern und in Fenstern an Privathäusern und in Geschäften ausgewählte Beispiele **isländischer Poesie**. Dieser Brauch begann im Jahre 2008 und jedes Jahr wird ein Werk eines örtlichen Dichters hinzugefügt. Wer sich genauer darüber informieren will, wende sich an die Touristeninformation.

🚩 10 MERIAN EMPFEHLUNG

LAGARFLJÓT

Südwestlich von Egilsstaðir bildet der Gletscherfluss Lagarfljót einen 25 km langen, aber nur wenige Kilometer breiten **See**. In seinem trübgrauen Wasser soll – ähnlich wie im schottischen Loch Ness – ein Seeungeheuer leben.

Am Ostufer erstreckt sich Islands größter und ältester Wald, der **Hallormsstaðaskógur**. Viele markierte Wanderwege (Kartenmaterial gibt es in der Touristeninformation in Egilsstaðir) laden ein, den Wald näher zu erkunden, in dem viele Bäume aus polaren Regionen zu Versuchszwecken angepflanzt wurden. Am westlichen Seeufer ergießt sich der **Hengifoss**, mit 118 m Höhe einer der höchsten Wasserfälle Islands. Spektakulärer als das dünne Rinnsal ist jedoch die Schlucht aus roten Tonschichten und dunklem Basalt.

SKRÍÐUKLAUSTUR

Das Gelände des **ehemaligen Klosters** aus dem Spätmittelalter wurde 1939 vom bekannten Schriftsteller Gunnar Gunnarsson gekauft. In dem Haus, das er hier durch den deutschen Architekten Fritz Höger in eigenwilliger Bauweise errichten ließ, ist heute ein **Kunst- und Kulturzentrum** untergebracht, mit einer Dauerausstellung zum Schriftsteller und der Rolle des Ortes als Kloster und Krankenstation vor 500 Jahren sowie wechselnden Sonderausstellungen und diversen Kulturevents.

Sehr empfehlenswert ist das **Klausturkaffi** (€€–€€€) mit einem wunderbaren Mittags- und Kuchenbuffet. Dort findet man auch so ausgefallene Zutaten wie Löwenzahnsirup, Engelwurzmarmelade, Rentierpastete und anderes, was vor Ort hergestellt und auch als Mitbringsel gekauft werden kann.

Skríðuklaustur | Tel. 4 71 29 90 | www.skriduklaustur.is | Juni–Aug. tgl. 10–18, Mai, Sept. 11–17 Uhr, sonst unregelmäßig | Eintritt 1100 ISK

Übernachten

Schlafen wie im Museum
ÓBYGGÐASETUR

Im Wilderness Center am Rand des Hochlands wurde Altes mit Neuem behutsam verbunden. Zur Auswahl stehen unterschiedliche Zimmer, darunter ein Schlafraum mit mehreren Betten, nachempfunden den alten Gemeinschaftsräumen isländischer Grassodenhäuser. Die hauseigene heiße Quelle speist den Hot Pot, im Haus selbst befindet sich eine Sauna mit gemütlichem Ruheraum. Im kleinen Restaurant werden viele Zutaten aus eigenem Anbau verwendet. Touren zu Pferd oder im Superjeep in die Umgebung sind ein zusätzliches Angebot für Gäste.

Norðurdalur, am südl. Ende des Sees | Tel. 4 40 88 22 | www.wilderness.is | 6 Zimmer | €€€

Wohlfühlen in Seelage
GISTIHÚSIÐ – LAKE HOTEL

Das Hotel existiert bereits seit 1903 und bietet neben Zimmern mit herrlichem Seeblick ein Restaurant sowie ein Spa mit Hot Pots und einer Sauna. Zum Service gehört außerdem die Vermittlung von Touren in der Umgebung. Egilsstaðir 1-2 | Tel. 4 71 11 14 | www.lakehotel.is | 50 Zimmer | €€€–€€€€

Essen und Trinken

Kaffee und Bücher
BÓKAKAFFI FELLABÆR

Im Büchercafé im Nachbarort Fellabær sitzt man gemütlich zwischen alten und neuen Büchern und Magazinen. Mittags gibt es kleine Gerichte wie gefüllte Pfannkuchen, nachmittags leckere Kuchen. Hlaðir Fellabær | Tel. 4 71 22 55 | www.bokakaffi.is | Mo–Fr 9–18, Sa 14–18 Uhr | €–€€

Aktivitäten

Wasserfallrunde
WANDERUNG

Von der Straße 910 führt ein Abzweig zum Hochlandhostel Laugarfell mit Restaurant so-

wie zwei Hot Pots, die auch Tagesgästen offen stehen. Hier beginnt und endet ein 8 km langer Rundwanderweg, der zu fünf schönen Wasserfällen und einer beeindruckenden Schlucht führt. Die Tour erfordert Kondition und nicht nur bei schlechterem Wetter gutes Schuhwerk.

Badebecken im See
VÖK

Die heißen Unterwasserquellen im See Urriðavatn nahe Egilsstaðir sind schon seit Jahrhunderten bekannt. Das nahm ein findiger Unternehmer zum Anlass, das heiße Wasser für eine Badeanstalt zu nutzen. Die Becken mit dem geothermalen Wasser wurden in den See hineingebaut. Vök við Urriðavatn | Tel. 4 70 95 00 | www.vok-baths.is | Mai–Aug. tgl. 11–23, Sept.–April 12–22 Uhr | 5000 ISK

Service

Auskunft
TOURISTEN-INFORMATION

Kaupvangur 17 | Tel. 4 70 07 50 | www.visitegilsstadir.is | Juni–Aug. tgl. 7–23, Sept., Mai Mo–Fr 8–15, Okt.–April Mo–Fr 8–12 Uhr

Wer die Anreise nach Island mit der Fähre von Dänemark aus unternimmt, erreicht nach zweieinhalb Tagen den Zielhafen Seyðisfjörður in Ostisland.

BAKKAGERÐI H3

77 Einwohner

Zu einem Abstecher von Egilsstaðir lädt das kleine Örtchen im Borgarfjörður eystri ein. Befestigte Wege führen am Hafen auf eine kleine Halbinsel und zu einer großen Kolonie von **Papageitauchern**, die sich hier bis mindestens Mitte August tummelt und der man sich bis auf Armlänge nähern kann.

Auf markierten Wanderwegen kann die Umgebung erkundet werden, darunter der Aussichtsberg **Staðarfjall** oder die Felsbrocken von **Stórurð**, die von einem Bergrutsch an der Westflanke vom Dyrfjöll stammen. Eine mehrtägige Wanderung führt bis nach Seyðisfjörður.

SEYÐISFJÖRÐUR H3

685 Einwohner

Seyðisfjörður, am Ende des engen, gleichnamigen Fjords und umgeben von beeindruckenden Bergen, könnte kaum schöner liegen. Auch der Ort selbst mit seinen bunten Holzhäusern und der hellblauen Kirche zählt zu den schönsten Islands. Die meisten ließen sich norwegische und dänische Kaufleute An-

Das Restaurant des Hótel Aldan serviert in stilvollem Ambiente schmackhafte Lamm- und Fischgerichte sowie Bio-Gemüse aus der Region.

fang des 20. Jh. bauen, als die Heringsfischerei reiche Gewinne abwarf. Fast jedes Haus besitzt eine interessante Geschichte.

Sehenswertes

TÆKNIMINJASAFN AUSTURLANDS

Das **Technikmuseum** widmet sich in zwei Gebäuden ausführlich den unterschiedlichen Facetten der Technik- und Kommunikationsgeschichte des Ortes zwischen 1880 und 1950.

Hafnargata 44 | Tel. 4 72 16 96 | www.tekmus.is | Juni–Mitte Sept. Mo–Fr 11–17 Uhr | Eintritt 1000 ISK

SKAFTFELL

Das preisgekrönte **Zentrum für bildende Kunst** stellt nicht nur Werke zeitgenössischer Künstler aus, sondern bietet ihnen in einem Residency-Programm die Möglichkeit, einen oder mehrere Monate in Island zu verbringen, um von der isländischen Natur und Kultur in ihren Werken inspiriert zu werden. Zum Zentrum gehört auch ein Bistro.

Austurvegur 42 | Tel. 4 72 16 32 | www.skaftfell.is | Mai–Mitte Sept. tgl. 12–22 Uhr | Eintritt frei

Übernachten

Nostalgie in Holz
HÓTEL ALDAN

Wohlhabende Fischhändler ließen sich früher reich verzierte Holzhäuser als Bausatz aus Norwegen kommen. Darunter war auch das heutige Hotel Aldan, das fast 100 Jahre die örtliche Bank beherbergte. Mittlerweile wurde das Haus liebevoll restauriert und versprüht einen wunderbar nostalgischen Charme. Die Rezeption befindet sich in einem separaten, nicht minder schönen Holzhaus an der Hauptstraße Norðurgata, in dem seit 1920 ein kleiner Kramladen untergebracht war.

Norðurgata 2 | Tel. 4 72 12 77 | www.hotelaldan.is | 22 Zimmer plus Apartments | €€€

ESKIFJÖRÐUR H3

1040 Einwohner

Eskifjörður ist ein Fischerort am Nordufer des tief eingeschnittenen, gleichnamigen Fjords und gehört zur Großgemeinde Fjarðarbyggð zusammen mit Reyðarfjörður, Neskaupstaður, Fáskrúðsfjörður und Stöðvarsfjörður. In einem Handelshaus vom Ende des 18. Jh., Gamlabúð, befindet sich heute ein interessantes **Fischerei- und Seefahrtsmuseum**.

Übernachten

Mit Fjordpanorama
MJÓEYRI

Zur Auswahl stehen ein einfaches Gästehaus von 1895 und fünf moderne, großzügige und komfortable Holzhütten mit Balkon und Terrasse. Auch diese Unterkunft punktet durch ihre einzigartige Lage, denn Hütten und Haus teilen sich mit einem kleinen Leuchtturm eine Sandbank, die in den Eskifjörður hineinragt. Es gibt ein kleines Badehaus mit Duschen, Sauna und einem Hot Pot draußen mit Blick auf den Fjord. Wer sich an dem grandiosen Fjordpanorama sattgesehen hat, kann Boot und Angelausrüstung mieten und die auf der Sandbank aufgereihten Hütten vom Wasser aus anschauen.

Strandgata 120 | Tel. 4 77 12 47 | www.mjoeyri.is | 4 Zimmer und 5 Hütten | €–€€€

Seit dem Ende des Bierverbots im späten 20. Jahrhundert und dem einsetzenden Trend der Craftbrauereien hat Island einiges in Sachen Bier aufgeholt.

ISLANDS BIERBOOM

Von Walbier und Bierbädern

Es gab einmal das unsägliche Getränk *björlíki,* als der Konsum von Bier in Island nur auf dem Ausnahmegelände des amerikanischen Militärs in Keflavík erlaubt war. Wein und Spirituosen hingegen waren durchaus erlaubt, und ja, das war im ausklingenden 20. Jahrhundert. Björlíki, das »Bierähnliche«, war eine **Notlösung aus Leichtbier, Wodka oder Klarem,** erfunden in der ältesten Kneipe von Reykjavík, Gaukur á Stöng, und bald schon an allen Theken Islands zum Liebling der Gäste avanciert. Aber wo kein Bier sein darf, darf es auch keinen gepanschten Ersatz geben. Er wurde ebenfalls von den Bartheken Islands verbannt, ehe der Konsum von Bier im März 1989 endlich freigegeben wurde.

Heute gibt es neben den großen und alteingesessenen Brauereien **Egils** und **Vífillfell** (Viking) um die 30 interessante Mikro- und Craftbrauereien verteilt im Land. **Kaldi** in Árskógssandur, Nordisland, 2006 gegründet, gilt als Vorreiter dieses Trends mit seinem nach tschechischer Tradition gebrauten

Pilsner. Aber Vorsicht: Pilsner heißt auch ein Leichtbier, das es in allen Supermärkten gibt. Das Brauhaus Kaldi verwendet Wasser, Hopfen und Malz aber auch, um in seinem »Bier-Spa« **prickelnde Bierbäder** in großen Holzbottichen anzurichten, in die hineinzusteigen sich lohnt (www.bjorbodin.is).

Die meisten isländischen Biere sind Lagerbiere, aber es gibt auch Alt, Märzen, Stout, Weizenbier, Imperial Stout oder Dunkles. Ein Kuriosum ist das **Walbier** der Brauerei Steðja, basierend auf Walfleischmehl, das allerdings nur zu besonderen Anlässen gebraut wird. Gelegentliche Versuche mit einheimischer Gerste sind bisher nicht zufriedenstellend verlaufen.

Auch einem Brauereibesuch, um das Bier so frisch wie möglich zu genießen, steht nichts im Wege. **Dokkan Brugghús** in Ísafjörður (www.dokkanbrugghus.is) hat zweimal in der Woche feste Öffnungszeiten. **Bryggjan Brugghús** am alten Hafen von Reykjavík ist täglich geöffnet und bietet Führungen an. Auch die Brauerei **Ölvisholt** bei Selfoss (www.olvisholt.is) bietet im Sommer Führungen und Verköstigung an. Die Brauerei **Beljandi** in Breiðdalsvík in Ostisland (www.beljandibrugghus. is) betreibt eine täglich geöffnete Bar mit den eigenen Bieren. Täglich außer sonntags ist die Brauerei **Steðja** zwischen Borgarnes und Reykholt geöffnet (www.stedji.com) – keine Sorge, dort werden auch andere Biere als Walbier gebraut.

Noch immer werden Alkoholika, und damit auch Bier, nicht frei verkauft, sondern unterliegen dem staatlichen Monopol, welches die Wein- und Spirituosenhandlungen **Vínbúð** betreibt. Werbung für Alkohol ist untersagt. Vorstöße, diese Situation zu lockern, sind bislang gescheitert.

Dabei zählt Bier, das aus eingeführter Gerste schon zur Landnahmezeit gebraut wurde, neben Molke, Milch und Wasser zu den traditionellsten Getränken. Anfangs verwendete man keinen Hopfen, sondern Mädesüß oder Schafgarbe als Ersatz, was das Bier leicht verderblich machte. Viele Quellen berichten von Brauereien an den Bischofssitzen und in Klöstern. Und bis ins 20. Jahrhundert war es durchaus Brauch, illegal **daheim Bier zu brauen** (*heimabrugg* genannt) – falls er denn je niedergelegt wurde …

FÁSKRÚÐSFJÖRÐUR H3/4

700 Einwohner

Französische Fischer hatten in dem Ort bis zum Anfang des 20. Jh. ihre wichtigste Niederlassung in den Ostfjorden, worauf die zweisprachigen Straßennamen – isländisch und französisch – verweisen. Der französische Autor Pierre Loti beschreibt in seinem Buch »Die Islandfischer« die damalige Zeit.

Sehenswertes

FRAKKAR Á ÍSLANDSMIÐUM

Die Ausstellung im **Französischen Museum** aus der Zeit der bretonischen und belgischen Fischer ist auf zwei Gebäude verteilt: das Doktorhaus und das Französische Hospital. Sie sind durch einen Tunnel miteinander verbunden. In einem Raum werden Originalfilme aus den 1920er-Jahren gezeigt.

Hafnargata 12 | Tel. 4 75 11 70 | https://en.visitfjardabyggd.is | 15. Mai–30. Sept. tgl. 10–18 Uhr | Eintritt 2100 ISK

Übernachten

Haus mit Geschichte
FOSSHÓTEL AUSTFIRÐIR

Dem Haus sieht man seine bewegte Geschichte als ehemaliges französisches Krankenhaus nicht an. Ein Teil des Gebäudes beherbergt jetzt eine Ausstellung über die französischen Fischer, der Rest ein Hotel mit großen, hellen Räumen und ebensolcher Lobby. Die Lage direkt am Wasser mit eigenem Bootssteg bietet fantastische Ausblicke. Im hervorragenden Restaurant L'Abri gibt es französisch inspirierte Speisen.

Hafnargata 11-14 | Tel. 4 70 40 70 | www.islandshotel.is | 47 Zimmer | €–€€

Essen und Trinken

Französisch angehaucht
CAFÉ SUMARLÍNA

Die Terrasse mit Blick auf den Fjord und die Berge ist konkurrenzlos. Empfehlenswert zum Lunch oder zwischendurch: Fischsuppe, Crêpes, selbst gebackener Kuchen.

Búðavegur 59 | Tel. 4 75 15 75 | im Sommer tgl. 11–22 Uhr | €–€€€

Die ganze Vielfalt isländischer Steine ist in der umfangreichen wie farbenfrohen Sammlung von Petra Sveinsdóttir in Stöðvarfjörður zu bewundern.

STÖÐVARFJÖRÐUR H4

200 Einwohner

In dem winzigen Ort am gleichnamigen Fjord legen nicht nur alle Reisebusse einen Stopp wegen Petras Steinsammlung ein.

Sehenswertes

STEINASAFN PETRU

Petra Sveinsdóttir (1922–2012) war schon immer von Steinen fasziniert und begann in ihrer Jugend mit dem Sammeln. Ihr Haus beherbergt heute eine außergewöhnliche **Steinsammlung**, auch ihr Garten ist voller Steine und Mineralien. Die meisten Fundstücke stammen aus der Umgebung.

Fjarðarbraut 21 | Tel. 4 75 88 34 | www.steinapetra.is | Mai–Sept. tgl. 9–18 Uhr | Eintritt 1500 ISK

GALLERÍ SNÆRÓS

Richard und Sólrún zeigen in der Galerie ihre vielfältigen Werke: Gemälde, Grafiken, Keramik, Schmuck und Textilien.

Fjarðarbraut 42 | Tel. 4 75 89 31 | www.snaeros.tumblr.com | Juni–Sept. tgl. 11–17 Uhr

Sieht aus wie eine Kirche, ist es aber schon lange nicht mehr: Kirkjubær ist eine Unterkunft und hält sogar Kajaks und ein Ruderboot für Ausflüge im Fjord bereit.

Übernachten

Kirchen-Feeling
KIRKJUBÆR

Die kleine blau-weiße Kirche auf einem Hügel im Ort ist nicht zu übersehen. Doch sie dient schon lange nicht mehr als Gotteshaus, sondern wird als Hostel und Ferienhaus genutzt. Altar, Kanzel und Chorempore sind erhalten geblieben, sodass man noch das Gefühl hat, in einer Kirche zu nächtigen. Geboten wird eine einfache Schlafsackunterkunft für bis zu zehn Personen, Kirkjubær kann aber auch komplett als Ferienhaus gemietet werden. Fjardarbraut 37 a | Tel. 8 92 33 19 | www.kirkjubaerguesthouse.com | €

DJÚPIVOGUR G4

472 Einwohner

Der Ort liegt auf einer Landzunge zwischen Berufjörður und Hamarsfjörður und bietet mit seinen bunten Häusern vor dem pyramidenförmigen, gut 1000 m hohen Búlandstindur einen schönen Anblick. Wegen des guten Hafens unterhielten hier schon die Kaufleute der Hanse eine Niederlassung.

Sehenswertes

LANGABÚÐ

Das große rote Holzhaus beim Hafen von 1790 ist das älteste Gebäude des Ortes. Heute dient es als **Kulturzentrum** sowie **Heimat- und Kunstmuseum**, das vor allem Werke des hier geborenen Bildhauers Ríkarður Jónsson (1888–1977) zeigt.

Búð 1 | Tel. 4 78 82 20 | Mai–Sept. tgl. 10–18 Uhr | Eintritt 500 ISK

MERIAN EMPFEHLUNG   11

EGGIN Í GLEÐIVÍK

Am Hafen hat der Künstler Sigurður Guðmundsson (geb. 1942) 34 große **Eier aus Stein** installiert, die symbolisch die Eier der in der Umgebung brütenden Vögel repräsentieren sollen. Die Kunstwerke aus unterschiedlich farbigem Granit stehen auf einer Länge von 200 m auf Betonsockeln, und Schildchen geben Auskunft über die dazugehörige Vogelart.

Übernachten

Mit Blick auf den Hafen
HÓTEL FRAMTÍÐ

Das Hotel besteht aus einem liebevoll sanierten historischen Teil von 1905 und einem separaten Neubau. Zimmer mit und ohne Bad, auch Schlafsackunterkünfte, Blockhütten und Apartments, Restaurant mit isländischer Küche. Hier kann man sich auch für den nicht weit entfernten Campingplatz anmelden.

Vogaland 4 | Tel. 4 78 88 87 | www.hotelframtid.com | 46 Zimmer | €–€€€

Ökohof mit Kulturprogramm
HAVARÍ

Das Havarí ist ein Bio-Hof im abgelegenen Osten. Berglind und ihr Mann Svavar betreiben dort ein Gästehaus und ein Restaurant mit Gerichten aus eigenem Anbau wie *bulsur,* die vegane Antwort auf den beliebten isländischen *pylsur* (Hotdog). Sie organisieren während des Sommers Konzerte und Ausstellungen isländischer Künstler.

Karlsstaðir | Tel. 8 42 18 08 | www.havari.is | 6 Zimmer | Mai–Aug. | €€

DER SÜDEN

Der Westen
Der Norden
Der Osten
Das Hochland
Der Süden
Reykjavík und Umgebung

Riesige Sanderflächen, steile Felsabbrüche, ausgedehnte Lavafelder, kilometerlange Gletscherzungen und Gletscherlagunen mit fotogenen Eisbergen faszinieren an der Küste, im Landesinnern warten mit Geysir und Gullfoss große Natur-Highlights.

Eine Fahrt auf der Ringstraße von Höfn im Osten bis Hveragerði im Westen bietet viel Abwechslung und vor allem dramatische Landschaften. Zwischen Höfn und Eyrarbakki gibt es keine sicheren Häfen außer auf den Westmännerinseln, was Fischerei fast unmöglich macht. Ohne diesen Wirtschaftszweig konnten sich kaum größere Ansiedlungen entwickeln.

Allgemeine Informationen über Südisland bietet die Webseite www.south.is

Zudem konnte die verbindende Ringstraße vom Südosten in den Westen erst in den 1970er-Jahren fertiggestellt werden.

Im östlichen Teil reichen die Gletscherzungen des **Vatnajökull** fast bis ans Meer. Weiter im Westen schiebt sich das Eis von **Mýrdalsjökull** und **Eyjafjallajökull** ebenfalls bis fast an die Küste, bevor man die größte zusammenhängende Ebene Islands erreicht, die zum überwiegenden Teil landwirtschaftlich genutzt wird. Wer nur wenige Kilometer ins Hochland fährt, findet viele imposante Zeugen vulkanischer Aktivitäten wie die **Laki-Krater** und die 8 km lange und bis 150 m tiefe Feuerschlucht **Eldgjá**.

Doch die gefährlichsten Vulkane der Insel – **Katla**, **Grimsvötn** oder **Eyjafjallajökull** – schlummern unter dem Eis der Gletscher. Eyjafjallajökull war zwar seit der Landnahme vor über 1000 Jahren nur fünf Mal aktiv, doch sein letzter Ausbruch 2010 hat nicht nur für den Süden Islands Folgen gehabt.

Die große Bedeutung des Fischfangs für Höfn wird schon bei einem Blick auf den Hafen mit seinen Fischkuttern und Trawlern deutlich.

Die Vulkanasche, die er in die Luft schleuderte, legte tagelang den Flugverkehr in weiten Teilen Europas lahm.

Vom Süden gut zu erreichen sind nicht zuletzt die Naturschönheiten auf dem sogenannten **Golden Circle**, allen voran **Geysir**, **Gullfoss** und **Þingvellir-Nationalpark**.

HÖFN G5

1700 Einwohner

Höfn (dt. »Hafen«) breitet sich auf einer flachen Landzunge aus und ist weit und breit der einzige Hafen. Es ist von daher nur naheliegend, dass Fischfang und -verarbeitung neben Dienstleistungen und Tourismus eine wichtige Rolle spielen. Landesweit begehrt sind die vor Höfn gefangenen *humar*. Obwohl die Namensähnlichkeit mit dem deutschen Wort Hummer auffällt, handelt es sich bei den isländischen *humar* eher um Kaisergranat, Scampi oder Langustinen. Dem Meerestier wird Ende Juni eine ganzes Fest gewidmet.

Die Ringstraße Richtung Westen führt an zahlreichen **Gletscherzungen des Vatnajökull** vorbei. Bei schönem Wetter ein überwältigendes Panorama mit Gelegenheiten zu Fotostopps.

Sehenswertes

LISTASAFN SVAVARS GUÐNASONAR

Das **Museum** zeigt im Sommer die Werke von Svavar Guðna-son (1909–1988), einem in Höfn geborenen Maler, der später nach Dänemark ging und sich der Avantgardegruppe COBRA anschloss. Im Winter finden wechselnde Ausstellungen statt.

Hafnarbraut 27 | Tel. 4 70 80 55 | Juni–Sept. Mo–Fr 9–15, Sa, So 13–17, Okt.–Mai Mo–Fr 9–15 Uhr | Eintritt frei

Essen und Trinken

Vom Meer auf den Tisch

HUMARHÖFNIN

Im »Hummerhafen« werden die fangfrischen Langustinen exzellent zubereitet.

Hafnarbraut 4 | Tel. 4 78 12 00 | www.humarhofnin.is | Mitte Mai–Sept. tgl. 12–22, Okt., Nov. 12–21 Uhr | €€–€€€

Aktivitäten

Auf und in den Gletscher

PRIVATE GLACIER TOURS

Stephan Mantler bietet als zertifizierter Gletscher- und Bergführer und Mitglied der isländischen Rettungsgesell-schaft private Touren auf den Gletscher und im Winter in Gletscherhöhlen an.

Háfjall, Dynjandi | Tel. 8 49 42 51 | www.stepman.is | Tagestouren ab 30 000 ISK, halbtägige Wanderun-gen ab 20 000 ISK

Service

Auskunft

TOURISTEN-INFORMATION

In dem historischen Gebäude befindet sich auch ein Besu-cherzentrum des Vatnajökull-Nationalparks.

Gamlabúð | Heppuvegur 1 | Tel. 4 70 83 30 | www.visitvatna jokull.is | Juni–Aug. tgl. 9–18, Mai, Sept. 9–18, Okt.–16. März 9–17 Uhr

HORNAFJÖRÐUR G5

Ein Hingucker ist hier **Þórbergssetur**, ein architektonisch in-teressantes Gebäude mit einer Außenwand aus roten Büchern im XXL-Format. Die Ausstellung ist dem in Island bekannten

Schriftsteller Þórbergur Þórðarson (1888–1974) gewidmet. In Deutsch liegen »Islands Adel« und »Unterwegs zu meiner Geliebten« vor. Mit Informationszentrum und Restaurant.

Hali í Suðursveit | Tel. 4 78 10 78 | www.thorbergur.is | tgl. 9–20 Uhr | Eintritt 1000 ISK

Übernachten

Am Gletscher
HOFFELL

In Hoffell gibt es abseits der Ringstraße nahe der Gletscherlagune des Hoffellsjökull diverse Unterkünfte, vom einfachen Doppelzimmer mit geteiltem Bad bis zum Familienzimmer en suite. Das Hotel bietet seinen Gästen außerdem fünf Hot Pots mit Gletscherblick. Für Hotelgäste ist die Nutzung kostenfrei, andere Besucher zahlen 1000 ISK.

Hoffell 2 | Tel. 4 78 15 14 | www. glacierworld.is | 21 Zimmer | €€

Essen und Trinken

Eis vom Gletscher
BRUNNHÓLL

Im Jahr 2007 begann die Milchfarm mit der Produktion von Jöklaís, dem Gletschereis. Die Produktionswege sind kurz, von der frisch gemolkenen Milch wird die Sahne separiert, pasteurisiert, mit Früchten oder natürlichen Aromen, Eigelb und Zucker vermischt und dann in der Eismaschine zu Eis gerührt. Die Delikatesse ist frei von anderen Zusatzstoffen. Die Farm bietet auch Übernachtung sowie ein Restaurant.

Mýrar | Tel. 4 78 10 29 | www.brunnholl.is | €€

Aktivitäten

Gletschererkundung
JÖKLAJEPPAR – GLACIER JEEPS

Jöklajeppar bieten Touren nach Jöklasel, einer 840 m hoch gelegenen Hütte am Rand des Skálafellsjökull an. Allein die Fahrt dorthin über die Piste, die sich steil den Berg hochwindet, ist atemberaubend. An der Hütte kann man eine Gletscherwanderung oder eine Fahrt auf den Gletscher mit Superjeep oder Schneemobil unternehmen.

Vagnsstaðir | Tel. 4 78 10 00 | www. glacierjeeps.is | Touren mit Skidoos, Superjeep oder als Gletscherwanderung, 3 Std. ab 20 900 ISK

JÖKULSÁRLÓN F5

Eine der Top-Sehenswürdigkeiten des Landes ist die **Gletscherlagune** Jökulsárlón, die vom Breiðamerkurjökull gespeist wird. Weiße, blaue, aber auch von Vulkanasche schwarz gefärbte Eisberge treiben in dieser schönsten Gletscherlagune Islands. Per Schlauchboot oder Amphibienfahrzeug kann man sich sogar durch diese bizarre Eislandschaft fahren lassen.

Immer wieder brechen neue Eisstücke ab, die dann durch den kürzesten Fluss Islands, knapp 500 m lang unter der Ringstraßenbrücke hindurch ins Meer gespült werden. Gegenüber am Strand wirft die Brandung das Eis wieder an den Strand, der oft dicht bedeckt ist mit glitzernden Bruchstücken, die zum Fotografieren einladen.

Essen und Trinken

Leckeres aus Krustentieren
**HEIMAHUMAR
FOOD TRUCK**
Der Imbisswagen am Parkplatz der Gletscherlagune bietet exquisite, günstige Langustinenbrötchen und -suppe.
Jökulsárlón | Tel. 8 91 62 50 | Mai–Okt. tgl. 12–18 Uhr | €

Aktivitäten

Von Lagune zu Lagune
WANDERUNG
Für die, die die Einsamkeit suchen, bietet sich ein 15 km langer Weg mit atemberaubenden Aussichten auf Gletscher, Eis und Berge entlang der beiden Eislagunen Fjallsárlón und Jökulsárlón an.
Weitere Informationen unter visitvatnajokull.is/the-lagoons-of-vatnajokull-region

Zwischen Eisbergen
BOOTSTOUREN
Es gibt zwei Anbieter für die Bootstouren auf der Gletscherlagune, in Amphibienbooten oder Schlauchbooten.
- Tel. 4 78 22 22 | www.icelagoon.is | Mai–Okt. bis zu 9 Fahrten pro Tag mit dem Amphibienboot oder Zodiac | Dauer 30–40 Min. | ab 5900 ISK
- Tel. 8 60 99 96 | www.icelagoon.com | Mai–Mitte Okt. | bis zu 6 Fahrten pro Tag mit dem Zodiac | Dauer 1 Std. | 9900 ISK

Vom Besucherzentrum Skaftafellsstofa führt ein Wanderweg zum Ensemble des Torfhofs Sel, der aus dem Jahr 1912 stammt und bis 1946 bewohnt war.

SKAFTAFELL F5

Wie eine grüne Oase liegt Skaftafell zwischen zwei mächtigen Gletscherzungen und den endlosen Geröllwüsten der Sander. Über allem thront der mit 2110 m höchste Berg Islands, **Hvannadalshnjúkur** als Teil des Vatnajökull. Skaftafell selbst ist seit 1967 Nationalpark, der mehrmals ausgedehnt wurde.

Sehenswertes

SKAFTAFELLSSTOFA

Das **Besucherzentrum** informiert über den Nationalpark, seine Natur und Geschichte. Außerdem gibt es eine Ausstellung zu den Vulkanen und dem Einfluss der Naturgewalten auf das Gebiet. Hier starten auch viele geführte Touren. Sehr zu empfehlen sind die kostenlosen Parkrangertouren zu unterschiedlichen Zielen und Themen.

Es gibt eine Cafeteria und einen großen Zeltplatz, die Parkplätze sind gebührenpflichtig und müssen unter Angabe des Kfz-Kennzeichens an Automaten bezahlt werden.

Tel. 4 70 83 00 | www.vatnajokulsthjodgardur.is | Nov.–Feb. tgl. 10–18, März, April 11–16, Mai, Sept., Okt. 9–18, Juni, Aug. 8–19 Uhr

Aktivitäten

Wasserfall-Tour
WANDERN AM SKAFTAFELL

Eine der beliebtesten Touren ist die Wasserfallrunde; sie führt auf den bewaldeten Bergrücken auf knapp 2 km an mehreren sehenswerten Wasserfällen vorbei. Der bekannteste ist dabei der **Svartifoss**, der dekorativ zwischen Basaltsäulen ins Tal stürzt. Wer frühmorgens oder am späteren Abend aufbricht, entgeht den Menschenmassen tagsüber. Längere Wanderungen wie ins **Tal der Morsá** sind nach den ersten 500 m meist menschenleer und bescheren viele Augenblicke des Staunens, zum Beispiel wenn sich das Tal mit Blick zum Morsárjökull weitet. Dort sieht man auch aus der Ferne den höchsten Wasserfall Islands, den Morsárfoss mit 227 m. Er wurde erst 2007 im Zuge des Gletscherrückgangs entdeckt. Im Besucherzentrum gibt es detaillierte Wanderkarten.

Flug über den Gletscher
ATLANTSFLUG

In direkter Nachbarschaft zu Skaftafell werden auf einem kleinen Flugfeld Sightseeingflüge über die Region angeboten. Es lohnt sich auf jeden Fall, den größten Gletscher Islands (und Europas) aus der Luft zu betrachten; nur so kann man erahnen, welche Dimensionen er besitzt. Zudem überfliegt man Gebiete, die man anderweitig höchstens zu Fuß oder gar nicht erreichen kann.

Atlantsflug | an der Ringstraße | Tel. 5 55 16 15 | www.flightseeing. is | versch. Touren mit Propellermaschine oder Helikopter | Dauer 15–20 Min. | ab 19 500 ISK

KIRKJUBÆJARKLAUSTUR E5

200 Einwohner

Zwischen dem 70 km weiter westlich gelegenen Vík í Mýrdal und dem 200 km östlich gelegenen Höfn ist Kirkjubæjarklaustur die einzige Siedlung. Der Ort eignet sich gut als Ausgangspunkt für Ausflüge zu den **Laki-Kratern**, der Feuerspalte **Eldgjá** oder in die andere Richtung nach Skaftafell und zur Gletscherlagune Jökulsárlón.

Ein längerer Spaziergang führt vom Ort, wo einst ein Nonnenkloster wirkte, zum **Systrafoss** (»Wasserfall der Nonnen«), dann auf die Hochebene mit schöner Aussicht und zum **Systravatn** (»See der Nonnen«) und schließlich zum **Kirkjugólf** (»Kirchenboden«), einer Formation aus Säulenbasalt.

Sehenswertes

MERIAN EMPFEHLUNG

12

DVERGHAMRAR

Viele Geschichten und Legenden ranken sich um die besonders schönen **Basaltformationen** Dverghamrar (»Zwergenfelsen«). Die Anwohner von Foss, einem in der Nähe liegenden Hof mit einem malerischen Wasserfall, wollen schon öfter Gesang dort gehört haben. Eine Informationstafel gibt genauere Auskunft über Entstehung und Volkssagen.

FJAÐRÁRGLJÚFUR

Am Beginn der Hochlandpiste zu den Laki-Kratern liegt die 2 km lange, bis zu 100 m tiefe **Schlucht**. Durch sie schlängelt sich der kleine Fluss Fjarðará. Bei einem kurzen Spaziergang entlang der Ostseite bieten sich schöne Blicke auf das moosbewachsene Felsgestein und in die Tiefe.

Essen und Trinken

Gemütlich
SYSTRAKAFFI
Dank der guten Küche (Burger, Pizza, Lamm, Fisch) immer gut besucht. Besonders lecker ist die *Klausturbleikja,* die lokal gezüchtete Lachsforelle. Man kann sie auch tiefgefroren im kleinen Supermarkt vor Ort kaufen.

Klausturvegur 13 | Tel. 4 87 48 48 | www.systrakaffi.is | tgl. 12 bis 21 Uhr | €–€€

Service

Auskunft
SKAFTÁRSTOFA
Klausturvegur 10 | Tel. 4 87 48 40 | www.klaustur.is | Mitte Mai–Sept. tgl. 9–17/18, Okt. bis Mitte Mai 9–14 Uhr

Wie diese Familie aus dem 19. Jahrhundert ihre Sprösslinge nannte, ist unbekannt; heute wacht ein Namenskomitee in Island über zulässige Vornamen.

ANSCHAULICHE SPRACHE

Guten Tag, mein Name ist Möwe

Björk Guðmundsdóttir ist Islands wohl bekannteste Musikerin und Sängerin. Ihr Name bedeutet »Birke, die Tochter von Guðmundur«. Auch Eiche, Butterblume, Rose sowie Bärin, Schwalbe, Wunsch, Woge, Nacht oder Sonne sind gültige und häufige **Frauennamen**. Die **Männernamen** stehen ihnen in nichts nach: So gibt es Adler, Falke oder Möwe, Tag, Esche, Reichtum, Ring, Tasse oder Kessel. Man stelle sich vor: Butterblume Möwentochter, oder Falke Kesselsohn. Das mag verwirren. Doch niemandem in Island würde einfallen, dies zu hinterfragen oder gar zu schmunzeln.

Das Patronym – **dóttir oder son** – ist dabei nur logisch, denn Mutterschaft ist immer eindeutig, Vaterschaft manchmal nicht. Mit dem Patronym werden Kinder zugeordnet, wobei es auch möglich ist, sich nach der Mutter zu nennen, also beispielsweise Jón Guðrúnarson, wobei Jón und Guðrún die gebräuchlichsten Vornamen in Island sind. Man ist es gewöhnt, alle Namen – auch Orts- und Gemarkungsnamen – direkt zu verstehen, anders als beispielsweise in Deutschland, wo die ursprüngliche Bedeutung der Namen oft ohne tiefer gehende Erläuterung nicht mehr nachzuvollziehen ist. Weil sich die isländische Sprache seit mehr als tausend Jahren kaum verändert hat, ist der **Sinn der Wörter** auch heute noch **eindeutig**. Heißt ein isländischer Bauernhof Ós, also »Mündung«, wird man ihn kaum hoch oben in den Bergen suchen. Und wo Framnesvegur hinführt, entnehmen wir dem Namen: nämlich hinaus auf die Halbinsel oder Landspitze (*fram* = hinaus, nach vorn, *nes* = Halbinsel).

Längere Ortsnamen, wie das zungenbrecherische Kirkjubæjarklaustur, erweisen sich oft als Falle für Fremde: Sie scheinen unaussprechlich und prägen sich deshalb nur schwer ein. Aber es ist im Grunde ganz einfach, um bei diesem Beispiel zu bleiben: *kirkja* bedeutet »Kirche«, *bær* bedeutet »Ort« oder »Ortschaft« und *klaustur* bedeutet »Kloster«. Es ist also der »Kirchenort mit dem Kloster«. Ebenso plastisch benannt sind Landschaftsbezeichnungen wie »Beinbrecher« *(leggjabrjótur)*, »Knochenhügel« *(beinhóll)*, »Elfenburg« *(álfaborg)* oder »Trollkirche« *(tröllakirkja)*.

Dass Reykjavík vom ersten Siedler »Rauchbucht« genannt wurde, leuchtet sofort ein, denn dort, wo sich heute die Stadt ausdehnt, entspringen zahlreiche Thermalquellen. Die Einkaufs- und Flanierstraße der Hauptstadt, Laugavegur, ist der »Weg zu den warmen Quellen« *(laugar)*, wo früher, als noch kein heißes Wasser in den Häusern floss, gewaschen wurde.

Kaum eine isländische Straße ist nach zeitgenössischen Personen des öffentlichen Lebens, Politikern oder Honoratioren des In- und Auslands benannt. Wurden den Straßen dennoch Personennamen verliehen, handelt es sich in aller Regel um **Gestalten der Sagas, Gottheiten oder historische Persönlichkeiten**. Manchmal scheinen Straßennamen wie ein Omen: Fischer und Reeder ließen sich zu Anfang des 20. Jahrhunderts in der Weststadt von Reykjavík nieder, und dort heißen die Straßen nach unterschiedlichen **Wellenarten** oder dem poetischen **Begriff für das Meer** wie Bárugata (*bára* = Welle, Woge) oder Ránargata (*rán* = eigtl. die Meeresgöttin Rán, metaphorisch für Meer).

Atemberaubend ist die Kulisse der Felsnadeln Reynisdrangar am schwarzen, wellenumtosten Sandstrand unterhalb von Vík.

VÍK Í MÝRDAL D6

454 Einwohner

Auch der südlichste Ort an Islands Küste besitzt keinen Hafen und fungierte schon immer als Dienstleistungszentrum für die Umgebung. Fotogen auf einem Hügel zeigt sich die Kirche, ebenso die **Reynisdrangar**, markante Felszinnen, die am Ortsrand aus dem Wasser ragen. Es soll sich dabei um zu Stein erstarrte Trolle handeln. Zu einem Spaziergang lädt der wellenumtoste **schwarze Sandstrand** ein.

Sehenswertes

KÖTLUSETUR – BRYDEBÚÐ

Das Katla-Zentrum dient u. a. als Infostelle für den **Katla UNESCO Global Geopark**. Eine angeschlossene Ausstellung verdeutlicht die zerstörerische Kraft der Katla, des Vulkans unter dem Mýrdalsjökull, in den vergangenen Jahrhunderten. Im Haus befindet sich auch das gemütliche Halldórskaffi.

Víkurbraut 28 | Tel. 4 87 13 95 | www.kotlusetur.is | Mo–Fr 11–19, Sa, So 11–18 Uhr | Eintritt in die Ausstellung frei

MERIAN TOP 10

DYRHÓLAEY

Das Ende der Halbinsel Dyrhólaey bildet eine mehr als 100 m hohe **Klippe**. Durch Erosion ist in der Lava ein Felsentor entstanden, groß genug, dass kleinere Boote hindurchfahren können. Am schönsten ist der Blick vom Leuchtturm, im Osten sind von dort die Reynisdrangar bei Vík í Mýrdal, im Westen ein langer schwarzer Sandstrand zu sehen. Auf den Vorsprüngen brüten **Papageitaucher**. Ein Teil von Dyrhólaey wird während der Brutzeit zum Schutz der Vögel gesperrt.

ÞAKGIL

Ein Ausflug in diese grüne **Schlucht** ist definitiv lohnend. Die schmale Piste dorthin, die ein gewisses Maß an Bodenfreiheit des Transportmittels und idealerweise ein Allradfahrzeug erfordert, windet sich steil durch eine märchenhaft anmutende Landschaft mit schroffen Klippen, eigentümlichen Lavaformationen und weiten Ausblicken. Þakgil selbst ist Ausgangspunkt verschiedener Wanderwege, einige führen bis dicht an den Gletscherrand des Mýrdalsjökull.
www.thakgil.is

Übernachten

Am schwarzen Strand
BLACK BEACH SUITES
Etwas abseits vom Verkehr und nahe dem Strand von Reynisfjara liegen die Studio-Apartments mit Blick auf Ozean und Gletscher. Jedes davon eingerichtet für bis zu vier Personen und mit Küchenecke.
Norðurfoss | Tel. 7 79 11 66 | www.blackbeachsuites.is | 10 Studio-Apartments | €€–€€€

Essen und Trinken

Bier und Burger
SMIÐJAN BRUGGHÚS
Die kleine Brauerei bietet neben einer Auswahl an hausgebrauten Bieren mit sehr exotisch anmutenden Zutaten wie Blaubeeren, Laktose und Vanille auch eine Auswahl von Hamburgern an.
Sunnubraut | Tel. 5 71 88 70 | www.smidjanbrugghus.is | tgl. 12–24 Uhr | €€

Einkaufen

Cooles gegen Kälte
ICEWEAR
Der Outdoor- und Strickwarenanbieter vertreibt hier seine eigene Modelinie, bietet aber auch andere Marken und Casual Wear sowie handgefertigte Strickwaren an.
Austurvegur 20 | Tel. 5 85 85 22 | www.icewear.is | tgl. 8–21 Uhr

SKÓGAR D6

25 Einwohner
Sehenswert in dem kleinen Dorf sind nicht nur der bekannte Wasserfall **Skógafoss** und der eher unbekannte **Kvernufoss**, sondern auch ein interessantes Freilichtmuseum.

Sehenswertes

SKÓGASAFN

Der Gründer Þórður Tómasson trug in den 1940er-Jahren viele Ausstellungsstücke zusammen, die ihm von Bauern in der Umgebung überlassen wurden. Ursprünglich war das Ganze im Schulgebäude untergebracht, bis das Isländische Nationalmuseum einen eigenen Museumsbau veranlasste. Verteilt auf mehrere Gebäude gibt es nun mehr als **6000 Exponate** zu sehen, die das bäuerliche Leben der letzten Jahrhunderte dokumentieren. Eine Technikausstellung über das Transport- und Kommunikationswesen Islands befindet sich nebst Café und Souvenirshop in einem weiteren modernen Gebäude.
Skógasafn 1 | Tel. 4 87 88 45 | www.skogasafn.is | Feb.–Nov. tgl. 10–17, Dez., Jan. 10–16, Sa, So im Winter bis 16 Uhr | Eintritt 2000 ISK

VESTMANNAEYJAR D6

Die **Westmännerinseln** liegen nur wenige Kilometer vor der Südküste und bestehen aus einem guten Dutzend Inseln sowie mehreren Dutzend Felsen und Schären. Entstanden sind die Inseln vor rund 10 000 Jahren durch einen submarinen Vulkanausbruch. Auch heute noch ist die Region geologisch un-

Die Westmännerinseln, eine Inselkette vulkanischen Ursprungs mit eigenem Vulkan-
system, sollen bereits vor der Hauptinsel besiedelt worden sein.

ruhig. Das zeigte sich 1963, als ebenfalls durch einen Vulkanausbruch die neue Insel **Surtsey** entstand. Doch es sollte noch
schlimmer kommen, denn am 23. Januar 1973 öffnete sich auf
der Hauptinsel Heimaey eine 2 km lange Vulkanspalte. Die
Insel musste damals innerhalb weniger Stunden evakuiert werden. In den darauffolgenden Monaten wurde ein Drittel der
Stadt unter Asche und Lava begraben. Viele Bewohner sind
nach dem Ende der Ausbrüche zurückgekehrt.

www.vestmannaeyjar.is | www.visitwestmanislands.com

Sehenswertes

HEIMAEY

4301 Einwohner

In der Nähe von Heimaeys Hafen liegen die Reste der ehemaligen dänischen Festung Skansinn, viel auffälliger ist jedoch
die **Stabkirche**, ein Geschenk Norwegens zum 1000-jährigen
Jahrestag der Einführung des Christentums in Island.

Durch den Ausbruch von 1973 entstand der Lavafluss **Eld-
fellshraun**, der das Bild der Insel komplett veränderte. Eine

Vielzahl von Spazierwegen führt durch die Lava, wobei sich immer wieder Ausblicke auf den Ort sowie den Hafen und die Küste bieten. Reizvoll ist auch ein Aufstieg zum gut 200 m hohen **Eldfell** und zum Vulkan **Helgafell**.

ELDHEIMAR

Der **Ausbruch des Eldfell** am 23. Januar 1973 war eine der größten Naturkatastrophen, die Island im 20. Jh. heimgesucht haben. 400 Häuser wurden unter Asche und Lava begraben. 2005 wurde beschlossen, zehn der damals **verschütteten Häuser auszugraben** und ein Besucherzentrum zu errichten. Das Projekt erhielt den Namen »Pompeji des Nordens«.

Im Mittelpunkt der Ausstellung steht das komplett ausgegrabene Haus **Gerðisbraut 10**, in dem deutlich wird, wie zerstörerisch die vulkanischen Kräfte gewirkt haben. Außerdem gibt es eine weitere sehr anschauliche Ausstellung zu Surtsey, einer Insel, die sich während submariner Eruptionen in den Jahren 1963–1967 aus dem Meer erhob und von Anfang an als spezielles Forschungsgebiet unter Naturschutz gestellt wurde. Suðurvegur/Gerðisbraut 10 | Tel. 4 88 27 00 | www.eldheimar.is | tgl. 11–17 Uhr | Eintritt 2400 ISK

SAGNHEIMAR

Das interaktive **Heimatmuseum** im Rathaus informiert über die Geschichte der Insel bis zum Ausbruch von 1973. Ráðhúströð | Tel. 488 2045 | www.sagnheimar.is | tgl. 11–17 Uhr | Eintritt 1000 ISK

Übernachten

Eingekapselt
**PUFFIN NEST
CAPSULE HOSTEL**
Ein Hostel mit »Schlafsaal«, allerdings sehr stylish eingerichtet mit einzelnen Schlafkapseln, ausgestattet u. a. mit TV, Kopfhörern, kleinem Safe für Wertsachen, Klimaanlage und mehr. Wer preiswert übernachten möchte und keine Angst vor engen Räumen hat, ist hier richtig.
Herjólfsgata 4 | Tel. 4 81 34 00 | www.guesthousehamar.is | 40 Einzelbetten | €

Essen und Trinken

Gutes aus der Region
GOTT

Viel Wert wird hier auf gesunde, frische Küche mit regionalen Zutaten gelegt. Der Chefkoch Sigurður Gíslason und seine Frau Berglind Sigmarsdóttir haben zwei Bücher verfasst, eins davon gibt es auch auf Deutsch: »Das gesunde Familienkochbuch«.

Bárustígur 11 | Tel. 4 81 30 60 | www.gott.is | Di–So 9–21 Uhr | €€

Aktivitäten

Inseltour
VIKINGTOURS

Im Angebot des Veranstalters sind u. a. Rundfahrten mit dem Minibus und per Boot rund um die Insel Heimaey.

Tangagata 7 | Tel. 6 61 18 10 | www.vikingtours.is | Mitte Mai bis Mitte Sept., 1,5 Std., 8700 ISK

Mitternachtssport
GOLF

Auf dem Platz in einem alten Vulkankrater am Meer kann man im Sommer im Schein der Mitternachtssonne golfen.

Golfklub Hamarsvegur | Tel. 4 81 23 63 | www.golficeland.org | Green Fee 7500 ISK

Service

Fähre
HERJÓLFUR

Die Personen- und Autofähre verkehrt bis zu 7-mal tgl. zwischen Landeyjahöfn und Heimaey, Fahrzeit ca. 30 Min.

Básaskersbryggju | Tel. 4 81 28 00 | www.herjolfur.is | 1600 ISK

Flug
EAGLE AIR

Eagle Air fliegt vom Inlandsflughafen in Reykjavík bis zu 4-mal tgl. nach Heimaey.

www.eagleair.is | ab 108 €

SELJALANDSFOSS D6

Die dramatische Bergwelt endet mit dem letzten **Wasserfall** auf dem Weg weiter nach Westen, dem Seljalandsfoss, der zu den schönsten in Island zählt. 60 m stürzt das Wasser vom Hang mit großem Getöse in die Tiefe. Ein Weg entlang einer Aushöhlung im Fels führt hinter den Wasserfall – Regenjacke nicht vergessen. Ein Foto aufgenommen hinter dem Wasserschleier ist beliebt, entsprechend überlaufen kann es sein.

Wenn es einen Schönheitswettbewerb für Wasserfälle gäbe, würde der märchenhafte Seljalandsfoss (s. S. 175) zu den Favoriten gehören.

HVOLSVÖLLUR D5

988 Einwohner

Die Ortschaft ist der **zentrale Schauplatz der Njáls saga**, einer
der wichtigsten und bekanntesten Sagas der Wikingerzeit. Von
Hvolsvöllur aus nach Westen erstreckt sich das **Fljótshlíð**, der
»Flusshang«, mit vielen Höfen, die schon in der Saga erwähnt
wurden. Gunnar, einer der Protagonisten der Saga, wurde verbannt und sollte seine Heimat Fljótshlíð verlassen. Zurückbli-
ckend entschied er sich aufgrund der Schönheit der Region, zu
bleiben und um sein Leben zu kämpfen.

Sehenswertes

SÖGUSETRIÐ Á HVOLSVELLI

Im **Saga-Zentrum** wird die Saga des weisen Njál u. a. anhand
rekonstruierter wikingerzeitlicher Artefakte visualisiert. Es gibt
Audioguides in verschiedenen Sprachen. In der angeschlossenen Wikingerhalle werden wechselnde Ausstellungen gezeigt,
das Restaurant serviert Burger und Ribs vom Holzkohlegrill.
Hlíðarvegur 14 | Tel. 4 87 87 81 | www.sagatrail.is | Mitte Mai–Mitte
Sept. tgl. 9–18, sonst Sa, So 10–17 Uhr | Eintritt 900 ISK

LAVA CENTRE

Direkt an der Ringstraße zeigt das Lava-Zentrum eine **interaktive Ausstellung** zu den vulkanischen Kräften der Insel, hier vor allem bezogen auf die benachbarten Vulkane Hekla, Eyjafjallajökull, Tindfjallajökull, Katla und Torfajökull. Man erlebt hautnah simulierte Erdbeben, Aschefall und die Veränderung der Landschaft durch Vulkanausbrüche.

Austurvegur 14 | Tel. 4 15 52 00 | www.lavacentre.is | tgl. 9–19 Uhr | Eintritt 3590 ISK

Übernachten

Am Gletscher
SKÁLAKOT

Das noble Hotel im Stil isländischer Giebelhäuser liegt direkt unterhalb des Eyjafjallajökull und bietet wunderbar nostalgisch eingerichtete Zimmer, ein Restaurant, Hot Pots und Reitmöglichkeiten; u. a. Touren an den Gletscher oder zum Meer.

Skálakot | Tel. 4 87 89 53 | www.skalakot.is | 12 Zimmer, 2 Suiten | €€€€

Essen und Trinken

Kaffee und Kunst
ELDSTÓ ART CAFÉ

Das Café, vor 20 Jahren als Töpferei begonnen, serviert kleine Gerichte und Kuchen aus der örtlichen Bäckerei. Im ehemaligen Postamt befinden sich auch noch eine Galerie mit den Keramiken der Besitzer sowie im ersten Stock einfache Gästezimmer.

Austurvergur 2 | Tel. 6 91 30 33 | www.eldsto.is | tgl. 13–21.30 Uhr | €–€€

HELLA D5

865 Einwohner

Das Versorgungszentrum Hella liegt am Fluss Rangá und bietet neben verschiedenen Einkaufsmöglichkeiten auch ein kleines Flugfeld sowie eine der größten Reitanlagen des Landes. Hier wird im Wechsel mit der Gemeinde Skagafjörður im Norden und Reykjavík das **größte nationale Pferdetreffen** durchgeführt: das Landsmót (www.landsmot.is), das alle zwei Jahre stattfindet und Zehntausende Besuchern aus aller Welt anlockt.

Sehenswertes

KELDUR

Keldur ist ein wenig bekannter **Torfhof**, dessen Ursprünge bis in die Zeit der Landnahme reichen. Die meisten Teile des noch erhaltenen Grassodengehöfts gehen auf das 19. Jh. zurück, der älteste Teil entstand weit früher, und der unterirdische Gang zwischen den Häusern wird auf das 12.–13. Jh. datiert.

Keldur, 20 km östl. von Hella | www.thjodminjasafn.is, im engl. Menü unter Museum Information/Historic Buildings | Juni–Aug. tgl. 10 bis 18 Uhr | Eintritt 1200 ISK

13 MERIAN EMPFEHLUNG

URRIÐAFOSS

Das Umland ist geprägt von den mächtigen Ascheschichten und Lavafeldern, die bei den Eruptionen der Hekla entstanden, sie gehört zu den drei aktivsten Vulkanen Islands. Der längste Fluss Islands, Þjórsá, wird etwa in Höhe der Hekla in mehreren Kraftwerken zur Stromerzeugung genutzt.

Unterhalb der Ringstraße fällt der Fluss über mehrere Stufen als Islands **wasserreichster Wasserfall** Urriðafoss in die Tiefe. Die Fallhöhe ist mit etwa 5 m zwar gering, beeindruckend sind die Wassermassen aber dennoch. Im Sommer kann man manchmal Fliegenfischern beim Lachsangeln zuschauen.

20 km westl. von Hella

ÞJÓÐVELDISBÆRINN D5

Im Jahr 1104, als das breite Tal des Flusses Þjórsá schon recht dicht von den Nachkommen der Landnehmer besiedelt war, brach der Vulkan Hekla aus und begrub einige Höfe unter einer dicken Lava- und Bimsschicht. Im 20. Jh. wurden die Ruinen eines dieser Höfe, **Stöng**, ausgegraben und an einer anderen, leichter zugänglichen Stelle rekonstruiert. Neben einem großen **wikingerzeitlichen Langhaus** wurde auch eine kleine **Kapelle** errichtet, deren Ursprung wahrscheinlich ins 11. Jh.

Das originalgetreu nachgebaute wikingerzeitliche Gehöft Þjóðveldisbærinn war auch einer der Drehorte der Fantasy-Serie »Game of Thrones«.

reicht. Die Reste des ursprünglichen Hofes in Stöng können ebenfalls besichtigt werden, allerdings liegt die Ausgrabungsstelle etwa 17 km weiter nordöstlich und ist über die Straße 327 nur mit Allradfahrzeug zu erreichen.

Þjórsárdalur | Tel. 4 88 77 13 | www.thjodveldisbaer.is | Juni–Aug. tgl. 10–17 Uhr | Eintritt 1000 ISK

Übernachten

Auf Sicht mit dem Vulkan
SKINNHÚFA

Ganz in der Nähe der vielbefahrenen Ringstraße, aber trotzdem einsam und absolut ruhig liegt der Hof Skinnhúfa. Die Besitzerin Maja, Textilkünstlerin und Architektin, hat drei Ferienhäuser gebaut, die einzeln stehen und einen atemberaubenden Blick auf den Vulkan Hekla oder den See Gíslholtsvatn bieten. Die Ferienhäuser sind gemütlich und stilvoll eingerichtet und jeweils mit einer kleinen Küche ausgestattet. Die Gastgeberin stellt für Wollbegeisterte auf Wunsch ein Spinnrad und Rohwolle zur Verfügung.

Skinnhúfa | www.skinnhufa.is | 3 Ferienhäuser für 2–4 Pers. | €€

SELFOSS C5

8068 Einwohner

Die größte Stadt in Südisland ist Verkehrsknotenpunkt und Versorgungszentrum für die Region. Selfoss ist außerdem ein Einstiegspunkt für den **Golden Circle** (→ S. 183), eine beliebte Rundtour zu drei großen Sehenswürdigkeiten Islands.

Sehenswertes

ÍSLENSKI BÆRINN

Das alte Bauernhaus **Meðalholt** in der typischen Grassodenbauweise wurde behutsam restauriert und kann besichtigt werden. In der separaten Ausstellungshalle erfährt man alles über die Geschichte des historischen Hausbaus in Island. Hier befindet sich auch der Sitz der Torfbauergilde, die die alte Tradition der Torfbauweise bewahren und weitergeben möchte.

Austur-Meðalholt, 9 km südöstl. von Selfoss | Tel. 8 92 27 02 | www.islenski baerinn.is/english | 15. Mai–15. Sept. tgl. 10–17 Uhr | Eintritt 1600 ISK

Übernachten

Inselurlaub
TRAUSTHOLTSHÓLMI

Eine außergewöhnliche Unterkunft in mongolischen Jurten auf einer Insel im Fluss Þjórsá, ca. 30 km südöstl. von Selfoss, bietet der Farmer Hákon. Er wuchs auf der Insel auf und kam als Erwachsener auf die Idee, die abgeschiedene Lage sanft für den Tourismus auszubauen. Gäste werden mit dem Boot abgeholt, im Aufenthalt eingeschlossen sind das Abendessen mit frisch gefangenem Wildlachs und Gemüse aus dem Inselgarten sowie das Frühstück.

Traustholtshólmi | Tel. 6 99 42 56 | www.thh.is | 3 Jurten für 2–3 Pers. | €€€€

Essen und Trinken

Burger mit Stil
TRYGGVASKÁLI

In einem der ältesten Häuser serviert das Restaurant in stilvoll eingerichteten Räumen eine moderne Küche mit frischen Zutaten, aber auch Hamburger in immer neuen Kreationen und Zusammenstellungen. Sehr zu empfehlen ist das dreigängige Mittagsmenü, das Qualität zu einem sehr guten Preis bietet.

Austurvegur 2 | Tel. 4 82 13 90 | www.tryggvaskali.is | So–Mi 11.30–22, Do–Sa 11.30–23 Uhr | €€–€€€€

Gemütlich schmökern
BÓKAKAFFIÐ

Umgeben von unzähligen Büchern gibt es im »Büchercafé« gemütliche Ecken mit Sofa, Tischen und Stühlen, dazu leckere Kuchen und verschiedene Kaffeespezialitäten.

Austurvegur 22 | Tel. 4 82 30 79 | https://bokakaffid.business.site | Mo–Sa 13–18 Uhr | €€

Einkaufen

Auf Woll-Tour
ULLARHRINGURINN

In Anlehnung an den Golden Circle hat man diese etwa 100 km lange Strecke durch den Süden ersonnen, die mit ihren Stationen besonders Is-landwollbegeisterte anspricht. **Hespa** in Selfoss zeigt in einem offenen Studio das Pflanzenfärben, wie es in Island seit frühester Zeit ausgeübt wurde. In der Landfrauenkooperative **Þingborg** erhält man handgestrickte *lopapeysa,* Islandpullover, sowie jede Menge Garne und Rohmaterial, und bei **Hulda** von Uppspuni kann man ausgesuchtes Garn ihrer eigenen Schafe, gesponnen in der ersten Kleinspinnerei Islands, erwerben. Das Garn ist durch die sorgsame Auswahl und Verarbeitung sehr viel weicher als normale Islandwolle und in vielen natürlichen Farben, aber auch gefärbt erhältlich. Am Ende der Tour findet man in Skálholt, einem der geschichtsträchtigsten Orte Islands und Bischofssitz, Restaurants, Unterkünfte und ein vielfältiges kulturelles Angebot.

Infos und Adressen unter www.thewoollencircle.com

FLÚÐIR D5

432 Einwohner

Flúðir ist eine kleine, aber aufstrebende Gemeinde in der Nähe des Golden Circle. Sie gewinnt zunehmend Bedeutung für den Tourismus, aber auch für den heimischen **Gartenbau**. Die thermale Energie des Ortes nutzen findige Landwirte nicht nur

für den herkömmlichen Gewächshausanbau von Tomaten und Gurken, sondern sie probieren auch für Island neue Kulturen wie Pilzzucht und Beerenanbau. Die Produkte können im örtlichen Bauernmarkt Melabúðir erworben werden

Essen und Trinken

Faszination Pilze
FARMER'S BISTRO
Das Lokal, nur 2 km von der Gamla Laugin (Secret Lagoon) entfernt, gehört zur einzigen Pilzfarm in Island, dementsprechend liegt der Fokus auf allen möglichen Pilzgerichten, aber auch andere, dort angebaute Gemüse wie Paprika, Blumenkohl oder Tomaten finden Verwendung.
Garðastígur | Tel. 5 19 08 08 | www.farmersbistro.is | tgl. 12 bis 17 Uhr | €€

Aktivitäten

Erwacht aus dem Dornröschenschlaf
GAMLA LAUGIN
Ende des 19. Jh. ließ die Gemeinde bei den heißen Quellen des Ortes ein Schwimmbad bauen. Als 1947 ein neues errichtet wurde, verfiel das alte. Erst vor wenigen Jahren wurde es liebevoll restauriert und wieder reaktiviert.
Hvammsvegur | Tel. 5 55 33 51 | www.secretlagoon.is | Okt.–Mai tgl. 11–20, Juni–Sept. 10–22 Uhr | 3000 ISK

GOLDEN CIRCLE
Auf dem Weg zu den großen Attraktionen des Golden Circle – **Geysir, Gullfoss, Þingvellir** – kommt man, je nach Route, durch einige kleinere Ortschaften. Die Landschaft ist sanft und grün, überall sieht man die weißen Dampffahnen der Thermalquellen aufsteigen, es ist daher naheliegend, dass die kostenlose Wärme in lokalen Gewächshäusern und landwirtschaftlichen Betrieben genutzt wird. Die Ziele können auch auf einer Tour mit Ausgangspunkt Reykjavík angesteuert werden.

Bei Lust auf ein Bad in verwunschener Umgebung, umweht von dampfenden Schwaden, lohnt der Weg zur Gamla Laugin.

Wenn die Sonne scheint, macht der Gullfoss, der »Goldene Wasserfall«, seinem Namen alle Ehre und schmückt sich dazu häufig mit einem Regenbogen.

Sehenswertes

MERIAN TOP 10

GEYSIR D5

Bis zum Anfang des 20. Jh. war auf den Großen Geysir im Haukadalur Verlass, doch dann kamen seine Eruptionen immer seltener und irgendwann hörten sie ganz auf. Mehrmals hat man noch versucht, ihn mithilfe von Seife, die die Oberflächenspannung herabsetzt, zum Ausbruch zu bewegen, doch nichts hat dauerhaft geholfen. Doch auf den **Strokkur** (»Butterfass«) gleich daneben ist Verlass, alle paar Minuten schießt er seine 20–30 m hohe Wasserfontäne in den Himmel, zur großen Begeisterung der umstehenden Zuschauer.

MERIAN TOP 10

GULLFOSS D4/5

Einer der schönsten Wasserfälle Islands, der Gullfoss (»Goldener Wasserfall«), ergießt sich nur wenige Kilometer vom Geysir entfernt. Der Fluss Hvítá stürzt über zwei gegeneinander versetzte Fallstufen insgesamt gut 30 m in eine enge Schlucht. Vom Parkplatz ist es nur ein kurzer Spaziergang dorthin. Häufig bildet sich in der Gischt ein Regenbogen. Im Sommer stürzen mehr als 100 m³ pro Sekunde über die Kante, im Winter bildet sich eine märchenhafte Eiswelt.

LAUGARVATN c5

192 Einwohner

Das Dörfchen Laugarvatn liegt am gleichnamigen See, der schon während der Sagazeit eine Rolle spielte. In Ufernähe des Sees befinden sich heiße Quellen, und der Überlieferung nach wurden dort die ersten Taufen nach der Christianisierung vorgenommen, statt im eiskalten Wasser an anderen Stellen.

MERIAN EMPFEHLUNG

LAUGARVATNSHELLIR c5

Schon seit Jahrhunderten wurden die **Höhlen** in der Nähe von Laugarvatn von Schäfern für ihre Herden genutzt, die direkte Umgebung war ideal als Weide. Im Jahr 1901 zog dann das erste Paar in die Höhlen und lebte dort für ein Jahr, ihnen sollten weitere folgen. Die Bewohner hielten sich Schafe, eine Kuh und Pferde. Sie bauten Kartoffeln und Gemüse an und jagten Schneehühner, mit denen sie Vorbeireisende verköstigten, die sich auf dem Weg zum Geysir befanden. Die Höhle wurde im Stil der damaligen Zeit wieder eingerichtet und steht im Sommer Besuchern offen. Alle halbe Stunde gibt es eine Führung.
Laugarvatnshellir, 10 km westl. von Laugarvatn | Tel. 8 88 19 22 | www.thecavepeople.is | tgl. 10–16 Uhr | Eintritt 2000 ISK

MERIAN TOP 10

ÞINGVELLIR-NATIONALPARK c4/5

An der nördlichen Spitze des Þingvallavatn erstreckt sich der rund 50 km² große Þingvellir-Nationalpark, seit 2004 UNESCO-Weltkulturerbe. Für die Isländer ist dies der **historisch bedeutsamste Ort**, denn im Jahr 930 versammelten sich

hier erstmals die Goden, um eine **Alþingi-Versammlung** ab-
zuhalten. Von da an tagte das Alþingi alljährlich zwei Wochen
im Sommer. Während dieser Zeit wurden Gesetze erlassen
und Gerichtsurteile vollstreckt, es wurde aber auch Markt abgehalten und ein Volksfest gefeiert. Die Tradition, in Þingvellir
große Jahrestage zu feiern, haben die Isländer bis heute beibe-
halten. 1874 wurde hier der tausendjährige Jahrestag der Besiedlung gefeiert, 1930 war es das tausendjährige Jubiläum des
Alþingi. Am 17. Juli 1944 wurde in Þingvellir die Republik
ausgerufen, und im Jahr 2000 gedachte man feierlich der tau-
sendjährigen Einführung des Christentums.

Neben der geschichtlichen Bedeutung bietet die **Alman-
nagjá** (»Allmännerschlucht«) noch sehr anschaulichen Geo-
logieunterricht. Durch die zerklüftete Schlucht aus dunklem
Basalt verläuft die Grenze zwischen der eurasischen und der
amerikanischen **Kontinentalplatte**, die jedes Jahr einige Zen-
timeter auseinanderdriften. Wie kaum an anderer Stelle sind
hier die geologischen Vorgänge der Plattentektonik zu sehen.
Der beste Ausblick über den Nationalpark, die **Þingvalla-
kirkja** und den See bietet sich vom **Besucherzentrum Hakið**
nahe der Straße 36. In der Kirche hängt die Islandglocke, ein
Geschenk des norwegischen Königs aus dem Jahr 1018. Der
bekannte Roman des Literaturnobelpreisträgers Halldór Laxness, »Die Islandglocke«, bezieht sich auf dieses Geschenk.

Übernachten

Haus der alten Schule
**HÉRAÐSSKÓLINN
HISTORIC GUEST-
HOUSE**
Das 1928 als Schule errichtete
Gebäude geht auf den ein-
flussreichen Politiker Jónas
von Hrífla zurück, der die Vi-
sion hatte, hier einen Ort zu
schaffen, an dem Bildung,
Kunst und Kultur in einer
wunderbaren Umgebung ge-
deihen konnten. Das Gebäude selbst wurde von Guðjón
Samúelsson entworfen, dem
Architekten der Hallgrímskirkja in Reykjavík. Inzwischen renoviert, bietet es verschiedene Zimmertypen.
Laugarvatn | Laugarbraut 2 |
Tel. 5 37 80 60 | www.herads
skolinn.is | 25 Zimmer | €–€€€

Luftaufnahme eines Abschnitts des überaus fischreichen Þingvallavatn, der sogar eine nur hier vorkommende Saiblingsart birgt.

Aktivitäten

Die Kraft des Untergrunds
FONTANA SPA
Verschiedene Becken und Saunen nutzen hier die geothermale Wärme. Von den Hot Pots kann man über einen Steg ein erfrischendes Bad im See nehmen. Angeschlossen ist auch eine geothermale Bäckerei, das Brot wird 24 Stunden im heißen Untergrund vergraben, und die Gäste können zweimal am Tag dabei sein, wenn die Töpfe direkt aus dem heißen, schwarzen Sand ausgegraben werden.
Laugarvatn | Laugarbraut | Tel. 4 86 14 00 | www.fontana.is | Juni–Aug. tgl. 10–22, Sept.–Mai 11–22 Uhr | 3950 ISK

HVERAGERÐI C5

2628 Einwohner

Als in den 1930er-Jahren die ersten Häuser in Hveragerði gebaut wurden, entstanden auch die ersten **Gewächshäuser**. Heute ist Hveragerði als »Treibhausstadt« bekannt. Neben heimischem Obst, Gemüse und Blumen wird auch Exotisches wie Bananen oder Weintrauben gezüchtet. Eine Landwirtschafts-

In den Gewächshäusern von Hveragerði (s. S. 187) können unter Nutzung von geothermaler Energie das ganze Jahr über Obst und Gemüse angebaut werden.

schule erforscht die besten Wachstumsbedingungen in Gewächshäusern. Eine schöne Wanderung vom Parkplatz am Ortsende führt in das nördlich gelegene Geothermalgebiet. Auf breitem, ausgeschildertem Wanderweg geht es durch das an vielen Stellen dampfende **Reykjadalur** bergauf, nach rund 1 ½ Std. kann man im warmen Fluss ein Bad nehmen.

Sehenswertes

 MERIAN EMPFEHLUNG

HELLISHEIÐARVIRKJUN

Von Hveragerði aus windet sich die Ringstraße auf den Pass Hellisheiði, bevor sie die Stadtgrenzen Reykjavíks erreicht. Die Straße führt noch einmal durch wilde, moosbedeckte Lava, vorbei an dampfenden Heißwasserquellen. Die thermale Energie des angrenzenden Bergs Hengill wird im **Kraftwerk** Hellisheiðarvirkjun zur Stromerzeugung genutzt, eine Ausstellung im Kraftwerk informiert über erneuerbare Energien.

Hellisheiði | Tel. 5 91 28 80 | www.geothermalexhibition.com | tgl. 9–17 Uhr | Eintritt 1791 ISK, inkl. 40-min. Führung 3510 ISK

Übernachten

Eierkocher vor der Tür
FROST OG FUNI

Von der Terrasse ist das Plätschern des Flusses zu hören und am Berghang steigen Dampfwolken auf – Hveragerði liegt mitten in einem Hochtemperaturgebiet. Ein warmer Pool und zwei Hot Pots sorgen für Entspannung, das Restaurant serviert isländische Spezialitäten, und das reichhaltige Frühstücksbuffet im Wintergarten lässt keine Wünsche offen. Nur das Frühstücksei, das muss man selbst kochen: Dazu packt man es in ein kleines Netz am Stock, trägt es vor die Tür und hält es rund fünf Minuten in eine Erdspalte, aus der zischender Dampf entweicht.

Hverhamar | Tel. 4 83 49 59 | www.frostogfuni.is | 17 Zimmer | €€

Ausflugsangebot zu Pferde
CORA'S HOUSE AND HORSES

Cora's House and Horses ist ein kleines, familiäres Gästehaus in Einzellage auf dem Hof Bjarnastaðir in Südisland. Auf dem Hof, der sehr zentral zwischen den Sehenswürdigkeiten des Golden Circle, Reykjavík, Vík u. v. m. liegt, werden unter der Leitung von Reitlehrerin Cora Claas geführte Ausflüge für erfahrene Reiter, aber auch Anfänger in kleinen oder privaten Gruppen angeboten. Sie führen bis zu den schwarzen Sanddünen und an die Mündung des Flusses Ölfusá.

Bjarnastaðir | Tel. 8 44 69 67 | corashouseandhorses@gmail.com | 4 Zimmer | €

Essen und Trinken

Für Freunde des Skyr
SKYRGERÐIN

In einer ehemaligen Skyrfabrik entstand ein neues Café und Restaurant, in dem es ein breit gefächertes Angebot hausgemachter Speisen gibt. Natürlich darf auch beim Dessert Skyr in vielen Variationen nicht fehlen. Und wer sich für die Herstellung interessiert, kann eine geführte Tour rund um und in der alten Skyrfabrik buchen und dem Skyrmeister bei der traditionellen Herstellung des leckeren Milchprodukts über die Schulter schauen.

Breiðamörk 25 | Tel. 4 81 10 10 | www.skyrgerdin.is | tgl. 11.30–21, Fr, Sa bis 22 Uhr | €€–€€€€

DAS HOCHLAND

Ob mit einem Allradfahrzeug oder einem der hochbeinigen Linienbusse: Ein Abstecher ins Hochland gehört zu jedem Islandaufenthalt. Im Sommer unterhalten Wandervereine Hütten, die zu mehrtägigen Touren durch die abgelegene Bergwelt einladen.

Drei Viertel der Insel zählen definitionsgemäß zum Hochland, nämlich alle Gebiete, die höher als 200 m liegen. Somit ist Island bis auf einen schmalen Küstenstreifen eine **menschenleere Wildnis** mit reißenden Flüssen, ausgedehnten Wüsten, schroffen Gipfeln, farbenprächtigen Rhyolithbergen, heißen Quellen, vielfältigen Spuren des aktiven und erloschenen Vulkanismus und dazwischen kleinen, überraschend grünen Oasen. Große Teile des Inselinnern sind stark der **Winderosion** ausgesetzt, und wenn es regnet, versickert das Nass schnell im porösen Vulkangestein. Nur in geschützten Lagen mit genügend Wasser, die die Schafe nicht erreichen, können sich grüne Flecken ausbreiten. Hin und wieder begegnet man auf kahlen Lavafeldern robusten Pflanzen wie dem Arktischen Weidenröschen oder dem Stängellosen Leimkraut. Moose verleihen der Lava ein sanftes, fast surreales Erscheinungsbild.

Seit jeher hat sich das Landesinnere einer dauerhaften Besiedlung widersetzt, völlig unberührt ist es dennoch nicht. Schon immer diente es als Weideland, Reitstrecken wurden markiert, später kamen Pisten und Hütten hinzu. Im letzten Jahrhundert führte der Energiehunger zu Staumauern und Stauseen. Auch deren Zufahrtsstraßen sind gravierende Eingriffe in die sensible Natur. Das größte und seinerzeit auch umstrittenste Projekt war der Bau des **Kárahnjúkar-Kraftwerks** nordöstlich des Vatnajökull, eins der größten Wasserkraftwerke Europas.

Einsame und menschenleere, weite Landschaften ohne irgendwelche Siedlungen kann man erleben, wenn man sich auf das Abenteuer Hochland einlässt.

HOCHLANDROUTEN

Nur **wenige Pisten** kreuzen Islands Mitte. Sie werden nur im Sommer für zwei bis drei Monate für den Verkehr freigegeben, je nach Bodenbeschaffenheit. Das isländische Straßenverkehrsamt gibt wöchentlich eine Übersichtskarte zum Zustand der Hochlandpisten heraus (online unter www.road.is). Das größte Problem bilden **unüberbrückte Flüsse**, denn die Furten ändern sich häufig. So müssen jedes Jahr Fahrzeuge aus Flüssen geborgen werden, was sehr teuer werden kann. Zudem kann man oft wegen **fehlenden Handyempfangs** nicht unbedingt mit schneller Hilfe rechnen. Proviant und Benzin müssen in die Planung einbezogen werden, denn Nachschub ist im Hochland nur bedingt zu haben. Das Wetter ist auch im Sommer unberechenbar; auf starken Wind, Regen und sogar Schneeschauer sollte man vorbereitet sein. Wer mit einem kleinen Mietwagen unterwegs ist, muss alle **F-Straßen** (F steht für *fjallvegur*, Bergstraße) meiden. Daher sind **robuste Allradfahrzeuge mit reichlich Bodenfreiheit** die beste Wahl für

Zwischen spektakulären Basaltsäulen ergießen sich unter großem Getöse die Wassermassen des Aldeyjarfoss am nördlichen Teil der Sprengisandur-Route F26.

Hochlandpisten. Eine bequeme Alternative bilden die **hochbeinigen Linienbusse**, die im Sommer fast täglich auf den schönsten Strecken unterwegs sind. An wichtigen Stellen wie Gullfoss, Geysir oder Hveravellir werden Pausen eingelegt (Infos zu Strecken und Fahrplänen unter www.sba.is).

Kaldidalur

Die Kaldidalur-Route **Nr. 550** ist mit 50 km die kürzeste Verbindung zwischen **Þingvellir** und dem Norden und Westen Islands. Deshalb haben schon die Goden sie genutzt, um zum Alþingi zu reiten. Zwar sind alle Gewässer überbrückt, für normale Pkw ist die Piste technisch machbar, aber wegen des Zustands (Wellblech über lange Strecken) dennoch kritisch.

Von Süden kommend passiert man den formschönen Schildvulkan **Skjaldbreiður**, das kalte Tal **Kaldidalur** zwischen den ehemaligen, inzwischen abgetauten Gletschern **Ok** (→ hintere Umschlagklappe) und **Þórisjökull**, die Passhöhe **Langihryggur** und das Tal der Hvítá, bis man schließlich ins bewaldete **Húsafell** gelangt. Der Abzweig Nr. 551 führt bis an das Eis des **Langjökull** heran. Wer mit einem Mietwagen unterwegs ist, sollte mit dem Anbieter abstimmen, ob diese Route den Bedingungen des Vertrags entspricht.

Kjölur

Auch die Kjölur-Route **Nr. 35** wird seit der Besiedlung genutzt. Heute sind alle Flüsse überbrückt und die Piste ist bei gutem Wetter gerade so mit einem normalen Pkw befahrbar; empfehlenswert ist es aber nicht. Leihwagenfahrer sollten sich vor der Abfahrt bei ihrem Vermieter erkundigen, ob die Straße 35 durch den Vertrag abgedeckt ist, weil mit heftigen Schlaglöchern und anderen Unannehmlichkeiten gerechnet werden muss.

Die Route beginnt im Süden am **Gullfoss** und führt zwischen den Gletschern **Langjökull** und **Hofsjökull** nach Norden in die Gegend von Blönduós. Höhepunkt dieser rund 190 km langen Hochlanddurchquerung ist das Geothermalgebiet **Hveravellir** etwa auf der Hälfte der Strecke. Neben einem Spaziergang zu den Thermalquellen kann man hier in einem natürlichen heißen Becken baden.

Auch ein Abstecher zum vulkanischen Gebirgszug **Kerlingarfjöll** ist äußerst empfehlenswert, denn das atemberaubend farbige Rhyolithgebirge mit dampfenden Quellen liegt in unmittelbarer Nähe eisiger Gletscherzungen.

Sprengisandur

Viele Wege führen nach **Laugafell** im zentralen Hochland, sowohl von Norden als auch von Süden. Laugafell liegt an der Sprengisandur-Route **F26**. Je nach Start- und Zielpunkt ist die Strecke zwischen 200 und 250 km lang und damit die längste, zudem auch anspruchsvollste isländische Hochlandpiste. Wegen der nicht überbrückten Flüsse ist sie nur mit geländegängigen Fahrzeugen zu bewältigen.

Das Kernstück der Route ist die durchschnittlich 750 m hoch gelegene und rund 70 km lange Hochlandwüste zwischen

Hofsjökull und **Vatnajökull**. Die vegetationslose, steinige Ebene stellte früher, als es noch keine Piste gab, ein großes natürli-
ches Hindernis dar und wird in einem der bekanntesten Reiter-
lieder eindrücklich besungen (zu hören unter www.youtube.
com/watch?v=NLgY9TUxOLc).

Nýidalur, das in der Nähe der geografischen Mitte Islands
liegt, markiert auch etwa die Hälfte der Hochlanddurchquerung. Das Tal auf rund 800 m Höhe überrascht durch seine
erstaunlich vielfältige Vegetation. Hier unterhält der isländische Wanderverein Ferðafélags Íslands (www.fi.is) zwei Hütten. Von besonderem Reiz in diesem Gebiet ist eine Wanderung zu den heißen Quellen und Gletscherzungen des 10 km
langen **Tungnafellsjökull**.

Ziele im Süden

LAKI-KRATER E5

Bei Kirkjubæjarklaustur führt eine Hochlandpiste (F206) zu
den Laki-Kratern. Anfangs fährt man noch durch eine grüne,
recht liebliche Landschaft, doch bald kommt man auf eine karge Hochebene und zum Schauplatz des **größten Vulkanaus-
bruchs**, der Island je heimgesucht hat. 1783 öffnete sich hier
eine 25 km lange Spalte und mehr als 100 Krater spieen unab-
lässig Feuer, Asche und Lava. Acht Monate dauerte das Infer-
no, mehr als 300 km² waren danach unter Lava begraben. Es
war die größte Naturkatastrophe seit der Besiedlung der Insel.
Die Krater sind heute noch gut zu erkennen, auch wenn sie
mittlerweile fast komplett mit Moos bewachsen sind. Vom
Gipfel des 818 m hohen **Berges Laki** bietet die Kraterreihe einen besonders imposanten Anblick.

ELDGJÁ E5

Die »Feuerschlucht« Eldgjá zwischen Landmannalaugar und
Kirkjubæjarklaustur ist vermutlich bei einer Ausbruchsserie im
Jahr 934 entstanden, bei der gewaltige Lavamengen austraten.
Sie verläuft vom **Gletscher Mýrdalsjökull** über mehrere Dut-
zend Kilometer in nordöstlicher Richtung, ist bis zu 150 m tief

Man kann beim Anblick der Laki-Krater kaum erahnen, welche Naturgewalten hier freigesetzt wurden und zu verheerender Verwüstung geführt haben.

und bis zu 600 m breit. Die steilen, teils rot gefärbten Wände am nordöstlichen Ende wirken besonders beeindruckend.

Anfahrt über F208

LANDMANNALAUGAR D5

Landmannalaugar sind warme Quellen, um die sich farbige **Rhyolithgebirge** gruppieren. Die rote Färbung der Berge beruht auf einem hohen Eisengehalt, Gelb auf Schwefel und Türkis auf Kieselsäure. Direkt am Zeltplatz endet der 2,5 km lange Obsidianstrom **Laugahraun**, der wahrscheinlich am Anfang des 16. Jh. entstand. So viel Schönheit hat sich herumgesprochen, deshalb ist Landmannalaugar im Sommer eines der beliebtesten Ziele für Outdoor-Reisende.

Viele kommen, um den **Laugavegur**, eine rund 50 km lange, spektakuläre Wanderung nach Þórsmörk in Angriff zu nehmen. Am Ende jeder Tagesetappe wartet eine einfache Hütte des isländischen Wandervereins, die Schlafplätze sind allerdings heiß begehrt, deshalb ist eine rechtzeitige Reservierung unbedingt erforderlich (www.fi.is).

Anfahrt über F208 oder F225, im Sommer auch per Linienbus (www.re.is)

Die Landschaft von Þórsmörk ist ein wunderbares Wandergebiet.

ÞÓRSMÖRK D5

Das Þórsmörk-Tal wird als »Grüne Oase« oder »Paradies zwischen den Gletschern« gelobt. Durchaus zu Recht, denn die »Gemark des Donnergottes Thor« ist – vor allem für Wanderer – eines der reizvollsten Ziele Islands. Es wird auf drei Seiten von Gletschern umschlossen. Begünstigt durch die geschützte Lage und die Abwesenheit von Schafen konnte sich im Talgrund, der von dem wilden Gletscherfluss Krossá durchzogen wird, eine dichte Vegetation aus Moosen, Farnen und Birkenwald entwickeln. Kurze Ausflüge führen zum Aussichtsberg **Valahnúkur** oder in die Schlucht **Stakkholtsgjá**.

Die Piste (F249) nach Þórsmörk ist nur mit geländegängigen Fahrzeugen zu bewältigen, wobei der Gletscherstrom Krossá kurz vor dem Ziel in aller Regel problematisch ist.

Im Sommer mit dem Linienbus zu erreichen (www.re.is)

HEKLA D5

Rund 100 km östlich von Reykjavík erhebt sich der bekannte Vulkan Hekla fast 1500 m. Neben dem Grímsvötn im Vatnajökull ist sie Islands aktivster Vulkan. Die Hekla ist Teil einer rund 40 km langen Vulkanspalte, in historischer Zeit ist sie mindestens 20 Mal ausgebrochen. Seismische Messungen deuten seit einiger Zeit darauf hin, dass die Hekla vor einer erneuten Eruption stehen könnte. Im **Hekla-Informationszentrum** im Hotel Leirubakki erfährt man alles über den Vulkan und seine Umgebung (www.leirubakki.is).

Anfahrt über Straße 26

Ziele im Norden

HERÐUBREIÐ F3

Die Herðubreið – die »Breitschultrige« – besitzt eine markante, symmetrische Silhouette mit steilen Flanken und ragt ganz allein mitten aus der kargen Geröllwüste **Ódáðahraun** auf. Nicht umsonst gilt die Herðubreið deshalb als Königin aller isländischen Berge. Immerhin überragt das Gipfelplateau des Tafelvulkans die Lavafelder der Umgebung um 1000 m. Der höchste Gipfel (1682 m) liegt noch einmal 200 m höher als die Tafelfläche. Die Besteigung des Bergs sollten nur geübte Alpinisten in Angriff nehmen, während Wanderungen am Fuß des Bergs zur Oase **Herðubreiðarlindir** mit Quellen und dichter Vegetation unproblematisch sind.

Anfahrt über F88

FJÓRÐUNGSALDA E4

Fast exakt in der Mitte der Insel gelegen, ist der 972 m hohe **Tuffkegel** Fjórðungsalda das ideale Ziel einer Rundfahrt im Hochland. Ein geländegängiges Allradfahrzeug ist hierfür unbedingt erforderlich. Der »Hügel der Landesviertel«, so die Übersetzung, ist eine Landmarke, die ihre Umgebung um rund 200 m überragt. Von ihrem Gipfel hat man bei guten Bedingungen einen schönen Ausblick. Der vermutlich eine Million Jahre alte Tuffkegel markiert die Wasserscheide zwischen dem Norden und dem Süden Islands. Auf der Piste F752 kommt man in **Laugafell** vorbei, wo man ein entspannendes warmes Bad genießen kann.

Anfahrt über die F752 oder F26, Rückfahrt umgekehrt

Der gigantische Gletscher Vatnajökull dehnt
sich rund 150 Kilometer von Ost nach West
und 100 Kilometer von Nord nach Süd aus und
bedeckt acht Prozent der Landmasse Islands.

AUSFLÜGE UND WANDERUNGEN

WANDERUNG
Die grüne Lunge von Reykjavík – das Tal Elliðarárdalur

Zu beiden Seiten des flachen Tals liegen geschäftige Bezirke der Hauptstadt, doch in der grünen Lunge von Reykjavík ist davon kaum etwas zu spüren. Für die Bewohner der Stadt ist das Tal ein beliebtes Naherholungsgebiet, durchzogen von einem bekannten Lachsfluss.

Start und Ziel: Reykjavíks altes Elektrizitätswerk (Gamla rafstöð), zu erreichen per Pkw oder Linienbus Strætó Linie 16 ab Haltestelle Hlemmur, www.straeto.is (Faltkarte: C5) **Dauer:** 3–6 Std. **Länge:** 9 km **Bademöglichkeit:** Árbæjarlaug, Fylkisvegur 9 **Info:** www.visitreykjavik.is/ellidaardalur-valley

Die Wanderung führt auf gut ausgebauten, markierten Wegen durch überwiegend flaches Gelände. Empfehlenswert ist der Weg auf der einen Seite des Flusses stromaufwärts und auf der anderen stromabwärts, um die unterschiedlichsten Blickwinkel einzufangen. Der Fluss Elliðaár ist an mehreren Stellen überbrückt, an einigen Stellen ergießen sich kleinere **Wasserfälle**. Hier kann man Sportlern, Reitern, ausgewilderten Kaninchen, einer reichen Vegetation und vielleicht auch einem Lachsangler begegnen – der Fluss zählt zu den wichtigen Lachsflüssen Islands. Später wird ein Stauwehr passiert. Je nach Lust und Laune kann man bis zum **See Elliðavatn** gehen, wo der Fluss entspringt, oder man schlendert hinüber zum großen, modernen Frei- und Hallenbad **Árbæjarlaug** und unterbricht die Wanderung dort für ein Stündchen, um sich zu erholen und/oder zu schwimmen. Unabhängig davon, für welche Variante man sich entscheidet, die Strecke ist so malerisch und interessant, dass sich noch viele weitere Gelegenheiten für Pausen ergeben. Auch im Winter ist die Strecke begehbar und wird von den Einheimischen gerne genutzt.

AUSFLUG
Ein ermordeter Gelehrter und Lava-wasserfälle – die Region Borgarfjörður

Europas ergiebigste Thermalquelle speist Krauma, eine moderne Bade- und Wellnessanlage, während in Reykholt das Goldene Zeitalter greifbar wird. In der Nähe sprudeln liebliche Wasserfälle unter einem Lavafeld hervor, und eingerahmt wird das Ganze von Bergen und Gletschern.

Start: Borgarnes (Faltkarte: C4) **Dauer:** Tagestour **Länge:** rund 320 km **Einkehrtipp:** Hotel Húsafell, Tel. 4 35 15 51, Lunch und Dinner, www.husafell.com €€€ **Bademöglichkeit:** Deildatunguhver/Krauma, www.krauma.is, oder Húsafell, www.husafell.is **Auskunft:** Touristeninformation im Einkaufszentrum Hyrnan, Borgarnes, Brúartorg, tgl. 8–23 Uhr

EINE GEOTHERMALQUELLE VON FORMAT
Ausgangspunkt dieser Tour zu den Attraktionen im Borgarfjörður ist Borgarnes. Obwohl der Tag der Erkundung Westislands gewidmet ist, geht es zunächst nach Norden, bis rund 20 km hinter Borgarnes die Straße nach Reykholt und Húsafell abzweigt. Die Gegend ist fruchtbar, die Höfe liegen für isländische Verhältnisse dicht beieinander. Einige Gletscherströme durchziehen die Weiden.

Bei **Deildartunguhver** führt ein eher unscheinbarer Abzweig, zur ergiebigsten Thermalquelle Europas, von der zwei Ortschaften, Akranes und Borgarnes, ihre Heizenergie beziehen. Dort findet sich auch eine gute Bademöglichkeit, das neue, moderne Bad **Krauma**.

DAS SCHICKSAL EINES SCHRIFTSTELLERS
Die nächste Station ist **Reykholt**, im 13. Jh. der Hof des einflussreichen Gelehrten und Verfassers der »Lieder-Edda«, Snorri Sturluson, der dort ein heute noch zu sehendes Bade-

Zahllose kleine Wasserfälle sprudeln auf einer Länge von knapp einem Kilometer aus dem Lavagestein und bilden die Hraunfossar westlich von Húsafell.

becken mit unterirdischem Zugang errichten ließ. Doch die Vorsichtsmaßnahmen konnten ihm nicht das Leben retten: Im Jahr 1241 wurde er dort ermordet. Eine Ausstellung berichtet von vergangenem Glanz und Untergang.

EINE BREITSEITE WASSER
Unterwegs nach Húsafell können die »Lava-Wasserfälle« **Hraunfossar** bewundert werden. Sie brechen in reicher Zahl auf einer beträchtlichen Breite unter dem bewachsenen Lavafeld Hallmundarhraun hervor, das wie die Wasserfälle seinen Ursprung am Westrand des Gletschers Langjökull hat, und ergießen sich in den Gletscherfluss Hvítá. Einen Katzensprung entfernt tost der Barnafoss, der »Kinderwasserfall«, dessen Name an zwei dort verunglückte Kinder erinnert. Nach dem Naturerlebnis bietet sich das Hotel Húsafell zur Einkehr an. Es liegt inmitten einer grünen Oase im Vorfeld des Gletschers Langjökull. Als alternativer Rückweg bietet sich die andere Seite des Flusses (Straße 518) an.

AUSFLUG

Abseits des Stroms – Ásbyrgi, Hljóða-klettar und Vulkankegel Rauðhólar

Eine Tour, die von Felsen bestimmt ist. Die hohen und schroffen, steil aufragenden Wände von Ásbyrgi sollen durch einen Gletscherfluss geformt worden sein und kontrastieren mit dem Grün der Ebene. Ehemalige Vulkanschlote und Aschekegel runden die Tour ab.

Start: Húsavík (Faltkarte: E2) **Dauer:** Tagestour **Länge:** ca. 160 km hin und zurück **Wanderung:** Ásbyrgi 3 km, Wanderung Hljóðaklettar, Rauðhólar 7 km **Auskunft:** Besucherzentrum Ásbyrgi, Gljúfrastofa, Tel. 4 70 71 00, www.vjp.is

GUT GERÜSTET INS ABENTEUER

Proviant für ein Picknick, Getränke sowie Wanderschuhe sind für diese Tagestour zu empfehlen. Die Strecke selbst wird dem Gros der Wanderer keine Schwierigkeiten bereiten. Im Winter ist die Route allerdings manchmal nicht begehbar.

Zunächst geht es auf der gut ausgebauten **Küstenstraße 85** in Richtung Kópasker. Bei klarer Sicht bietet die Strecke **schöne Ausblicke** auf das Nordmeer einerseits und das Hinterland andererseits. Im Besucherzentrum Ásbyrgi nach rund 60 km befindet sich eine ganzjährig geöffnete Touristeninformation, wo man sich über die anschließende Wanderung erkundigen kann und es außerdem eine interessante Ausstellung zur Natur und Geologie des Gebiets zu sehen gibt.

EIN PFERD HINTERLÄSST SPUREN

Die Erkundung der riesigen Felswände von **Ásbyrgi**, die der Legende nach als **Hufabdruck von Sleipnir**, dem Pferd von Odin, entstanden, kann frei gestaltet werden. Besonders verwunschen ist das innerste Ende, wo man durch Wäldchen zu einem **kleinen See** direkt unterhalb der Steilwand gehen kann.

DAS NÄCHSTE ABENTEUER WARTET SCHON

Für die nächste Wanderung heißt es zunächst umkehren und ein Stück auf der Straße 85 zurückfahren, um beim Abzweig Dettifoss und Hljóðaklettar nach links abzubiegen (Straße 862). Nach einigen Kilometern durch teils bewaldetes, teils kahles Land weist ein Schild zu den »Felsen der Stille«, den **Hljóðaklettar** am Gletscherfluss Jökulsá á Fjöllum. Nach kurzer, steiler Abfahrt wird der Parkplatz erreicht, der den Anfang der markierten Wanderung bildet.

MAGISCHE WELT AUS BASALT

Auf guten Pfaden wird man durch die verzauberte Welt der **Vulkanschlote** geführt, die von abenteuerlichen **Basaltsäulen** geprägt sind und den **reißenden Gletscherfluss** überragen. Der Name Hljóðaklettar kann aber auch »laute Felsen« oder »Echofelsen« bedeuten. Bei einer Formation mit dem Namen »Kirkja«, Kirche, in die man hineingehen kann, zweigt ein markierter Pfad zu den **Vulkanhalden Rauðhólar** ab. Die atemberaubend roten Kuppen oberhalb des Gletscherstroms warten mit tollen Ausblicken auf die Umgebung auf.

Der Rückweg bewegt sich auf gleichen Spuren, nur sieht die Landschaft nun ganz anders aus. Insgesamt dauert die Wanderung einschließlich Erkundungen und Fotopausen rund zwei Stunden, ehe sie am Parkplatz Hljóðaklettar endet.

Stehen zwei Felsnadeln in Island beieinander, werden sie häufig *karl* und *kerling*, »Kerl« und »altes Weib«, genannt. In aller Regel ist die größere Formation dabei die weibliche. Nicht so im Gebiet der Hljóðaklettar, wo ein kurzer Abstecher vom Hauptwanderweg hinunter zum Fluss zu einem hoch aufragenden, steinernen Pärchen führt. Hier überragt der Kerl seine Alte. Geologisch gesehen hielten sie wohl den Naturkatastrophen stand, welche vor Tausenden von Jahren auch Ásbyrgi schufen.

Solche eindrucksvollen Basaltsäulen wie am Hljóðaklettar entstehen, wenn die erstarrende Lava im abkühlenden Gestein Spannungen und schließlich Risse erzeugt.

Der Þingvellir-Nationalpark mit dem See Þingvallavatn ist für Islands Geschichte von großer Bedeutung, denn vor mehr als 1000 Jahren kam hier das erste europäische Parlament, das Alþing, zusammen.

WISSENSWERTES

SERVICE

Anreise
Mit dem Flugzeug
Die isländische Fluggesell-
schaft Icelandair (www.ice
landair.is) fliegt ganzjährig
von diversen Flughäfen in
Deutschland, Österreich und
der Schweiz nach Island. Andere Anbieter wechseln; es
empfiehlt sich eine gründli-
che Internetrecherche.

Mit der Fähre
Die Personen- und Autofähre
»Norröna« (www.smyrilline.
com) verbindet Hirtshals in
Dänemark mit Seyðisfjörður
in Ostisland. Neben Kabinen
gibt es an Bord Restaurants
und Jacuzzis. Die Überfahrt
wird von einem Stopp auf
den Färöerinseln unterbrochen und dauert mind. 2 Tage,
je nach Fahrtrichtung.

Auskunft
www.inspiredbyiceland.com
Offizielle Website des isländischen Fremdenverkehrsamts.

Buchtipps
Halldór Kiljan Laxness: Sein
eigener Herr (Steidl, 2018,
Übersetzung Bruno Kress)

Der ehemalige Knecht und
spätere Kleinbauer Bjartur ist
unverrückbar entschlossen,
die schwere und unergiebige
Landwirtschaft hoch oben
auf der Heide, auf seinem
Anwesen »Sommerhaus«, als
freier Mann zu bewältigen.
Selbst der Tod einiger seiner
engsten Familienangehörigen
schreckt ihn nicht ab, im Gegenteil. Das Ethos der Arbeit
geht über alles. Bjarturs Tochter Ásta Sóllilja ist seine
Stütze, aber er wirft sie aus
der Kate, als sie von einem
Knecht schwanger wird. Der
zeitlich um die Wende zum
20. Jh. angesiedelte Roman
will als Kritik am romantisie-
renden Bild des Landlebens
gelesen werden.

Anne Siegel Frauen, Fische,
Fjorde und Wo die wilden
Frauen wohnen (Malik, 2020)
Die Islandkennerin Anne Siegel spricht in »Frauen, Fische,
Fjorde« mit einigen deut-
schen Auswanderinnen, die
im Jahr 1949 über Lübeck als
Landarbeiterinnen nach Island kamen und dort auch
blieben. Dabei enthüllen sich

zum Teil erschütternde Biografien. Mit »Wo die wilden Frauen wohnen« legt Siegel eine Sammlung von Interviews mit zehn Isländerinnen des 20. Jh. vor, einige davon weltbekannt.

Jón Kalmann Stefánsson, Sommerlicht, und dann kommt die Nacht (Piper, 2013, Übersetzung Karl-Ludwig Wetzig) Nicht nur viele Islandbesucher, auch Jón Kalmann stellt sich in diesem Roman die Frage, wie man die langen, dunklen Winter unter dem Polarkreis auf der Suche nach ein bisschen Liebe und Abwechslung erträgt. Die Bewohner eines abgelegenen 400-Seelen-Orts suchen einen Weg aus der aufkeimenden Lethargie und finden Lösungen, die Tage zu würzen.

Kristín Steinsdóttir, Hoffnungsland (C. H. Beck, 2017, Übersetzung Anika Wolff) Sie träumen von Reykjavík und einer Anstellung in einem feinen Haus: Guðfinna und Stefanía, zwei junge Mädchen vom Lande. Doch kaum in der Stadt angekommen, stranden sie in einer einfachen Hütte und müssen sich als Waschfrauen und Kohleträgerinnen durchschlagen, bis sich eines Tages eine unwiderstehliche Chance auftut … »Hoffnungsland« ist ein auf Tatsachen beruhender Roman über das Leben in Islands kleiner Hauptstadt zum Ende des 19. Jh.

Jérémie Moreau, Die Saga von Grimr (avant-verlag, 2018, Übersetzung Claudia Sandberg) Die Saga von Grimr spielt im Island des Jahres 1783. Das Leben auf der Insel ist von extremer Armut und Hunger geprägt. Durch einen Vulkanausbruch verliert der Junge Grimr seine Familie und sein Zuhause. Der junge Waise weigert sich, sein Leben am Rande der Gesellschaft zu fristen und beschließt, seinen Namen in die Sagen des Landes einzuschreiben … Für seine bestechenden Stimmungsbilder in dieser Grafiknovelle wurde Moreau beim Comicfestival von Angoulême 2018 mit dem Preis für den besten Comic ausgezeichnet.

Außerdem ist zu Island ein **MERIAN-Magazin** erhältlich (2017).

Diplomatische Vertretungen
Deutsche Botschaft
Laufásvegur 21 | 101 Reykjavík |
Tel. 5 30 11 00 | www.reykjavik.
diplo.de

Österreichisches General-
konsulat
Orrahólar 5 | 111 Reykjavík |
Tel. 5 57 54 64 | www.bmeia.gv.at

Generalkonsulat der
Schweiz
Laugavegur 13 | 101 Reykjavík |
Tel. 5 51 71 72 | www.eda.admin.ch

Feiertage
1. Jan. Neujahr
Gründonnerstag
Karfreitag
Ostersonntag und -montag
3. Do im April Erster Sommertag
1. Mai
Christi Himmelfahrt
Pfingstsonntag und -montag
17. Juni Nationalfeiertag
1. Mo im Aug. Handelsfeier-
tag
25./26. Dez. 1. und 2. Weih-
nachtsfeiertag

Geld
Wechselkurs
1 € = 160 ISK
1 SFr = 148 ISK
100 ISK = 0,62 €/0,67 SFr

Alle gängigen Kreditkarten
werden akzeptiert. Barzah-
lungen sind die Ausnahme,
auch bei kleineren Beträgen.

Kleidung und Ausrüstung
Island ist vom Golfstrom begünstigt; dennoch können die
Temperaturen zu jeder Jahreszeit unter den Gefrierpunkt
fallen. Die Lage im Nord-
atlantik beschert der Nordmeerinsel jede Menge Wind.
Deshalb ist gute Funktions-
und Outdoorkleidung rund
ums Jahr angesagt. Aber auch
Badezeug sollte in den Koffer!
Feste Schuhe sind unabding-
bar, außer in den Bars in
Reykjavík. Eine Packung Kek-
se und eine Thermoskanne
mit etwas Heißem werden
zum Himmelreich, wenn über
lange Strecken keine Service-
station – beispielsweise im
Hochland – vorhanden ist. In
Gästehäusern ist es teilweise
noch üblich, Straßenschuhe
am Eingang stehen zu lassen,
weshalb ein Paar leichte Hausschuhe ebenfalls im Gepäck
nicht fehlen sollten.

Links und Apps
www.visitreykjavik.is
www.visitreykjanes.is
www.west.is

www.westfjords.is
www.northiceland.is
www.east.is
www.south.is
Tourismusseiten der Regionen

Aurora Now
Nordlicht-App im App-Store

Iceland Aurora Alert
Nordlicht-App von Google Play

Handpicked Iceland
Infos zu interessanten Kulturevents, aber auch Märkten, nachhaltigen Läden oder netten Cafés. Im App Store.

Medizinische Versorgung
Die medizinische Versorgung ist mit Kliniken, Gesundheitszentren und Rettungsdiensten gut. Niedergelassene Ärzte finden sich in den Gesundheitszentren. Die Vorlage der Europäischen Krankenversicherungskarte (EHIC) genügt, der Abschluss einer privaten Auslandsreisekrankenversicherung empfiehlt sich. Weitere Informationen auf Englisch: www.sjukra.is.

Notruf
Landesweite Notrufnummer Tel. 112

Post
Postämter oder Annahmestellen befinden sich in den meisten Ortschaften; die Öffnungszeiten sind unterschiedlich und manchmal eher kurz. Briefkästen sind rar.

Reisedokumente
Island ist Partner des Schengen-Abkommens. Einreise mit gültigem Reisepass oder Personalausweis. Kinder benötigen ein eigenes Ausweisdokument. Nationale Führerscheine (A, D und CH) sind für touristische Zwecke gültig.

Reiseknigge
Bitte keine Steine verfrachten und schon gar nicht mitnehmen. Zum Verfrachten zählt auch das Aufschichten von Steinskulpturen in der Natur, abgesehen von ganz wenigen Stellen, wo es ausdrücklich erlaubt ist. Die vielfach im Land anzutreffenden Stein-

URLAUBSKASSE	
1 Tasse Kaffee	400 ISK
1 Espresso	600 ISK
1 Cola	345 ISK
1 Hot Dog (pylsa)	600 ISK
1 Pizza (Lieferdienst)	ca. 2000 ISK
1 Glas Bier	ca. 1000 ISK
Mietwagen/Woche	ab 40 000 ISK
1 l Benzin	220 ISK

männchen sind Wegwarten und haben historische Bedeutung. Es ist schön, wenn sie inspirieren – aber bitte nicht nachmachen!

Reisezeit
Die ideale Reisezeit hängt von den individuellen Präferenzen ab. Die beste Zeit zur Vogelbeobachtung ist beispielsweise von Ende Mai bis Anfang August. Diese Zeitspanne eignet sich auch hervorragend für mehrtägige Wanderungen oder längere Reittouren.

Hochlandpisten werden in der Regel ab Mitte Juni freigegeben, manchmal auch später, und oft schon Ende August wieder gesperrt.

Nordlichter und den Sternenhimmel beobachtet man am besten zwischen Ende September und Mitte April.

Theater und Konzerthäuser machen eine lange Sommerpause; das kulturelle Leben findet vor allem in den Wintermonaten statt, wobei Open-Air-Festivals natürlich im Sommer Saison haben. Generell ist es im Winter bei kurzen Tagen ruhiger, im Sommer aber zu einigen Highlights geradezu überlaufen.

Sicherheit
Von hoher Priorität ist die Seite https://safetravel.is, auf der man seine Reise- oder Wanderpläne, z. B. ins unbewohnte Hochland, einstellen kann. Bei der winterlichen Reiseplanung (ca. Ende September bis Ende April) sollten Puffertage eingebaut werden – ein strenges Programm mit langen Fahrstrecken kann durch Schnee und Sturm schnell unrealistisch werden.

Wichtige Infoseiten:
www.road.is aktueller Straßenzustand und -sperrungen, im Sommer Öffnung und Zustand der Hochlandpisten.
www.vedur.is Wetterbericht und Warnungen, auch Nordlicht-Prognose.
Sicher reisen App vom Auswärtigen Amt Deutschlands, www.auswaertiges-amt.de.

Strom
220 V, zweipolige Steckdosen, kein Adapter erforderlich.

Telefon
Vorwahlen
D, A, CH ▶ Island 0 03 54
Island ▶ D 00 49
Island ▶ A 00 43
Island ▶ CH 00 41

Das Mobilfunknetz ist gut ausgebaut, aber gerade in dünn oder gar nicht besiedelten Landesteilen muss mit gelegentlichen Funklöchern gerechnet werden.

Telefonzellen gibt es praktisch nicht.

Verkehr
Auto
Es gilt Rechtsverkehr und Anschnallpflicht auf allen Sitzen des Fahrzeuges. In Ortschaften beträgt die zulässige Höchstgeschwindigkeit 50 km/h oder weniger, außerhalb, sofern Schilder nichts anderes vorgeben, 90 km/h, auf unbefestigten Nebenstraßen 80 km/h.

Die durchgehend asphaltierte Ringstraße Nr. 1 führt mit 1322 km einmal um den Inselkern herum, lässt dabei aber interessante Halbinseln und Landzungen aus. Viele, oft einspurige Nebenstraßen dagegen sind Schotterstraßen, die konzentrierte Umsicht beim Fahren verlangen.

Zwei unbefestigte Pisten durchqueren das unbewohnte Hochland. Sie sind nur im Sommer mit Allradfahrzeugen zu bewältigen. Jegliches Fahren außerhalb von Straßen oder Pisten ist streng verboten, das gilt auch für Fahrräder, Motorräder oder Quads. Pisten im Hochland sind mit einem F vor der Straßennummer gekennzeichnet und in aller Regel nur für Wagen mit Allradantrieb zu befahren.

In größeren Ortschaften und an einigen touristischen Knotenpunkten ist das Parken gebührenpflichtig.

Die häufig anzutreffenden Tankzapfsäulen akzeptieren Guthabenkarten, Kreditkarten und Wertchips. PIN erforderlich. Bargeld wird nur an sehr wenigen Tankstellen angenommen.

Bus und Boot
In Island gibt es keinen Schienenverkehr. Diverse Busgesellschaften bedienen einzelne Streckenabschnitte rund um die Insel, meist ein- bis zweimal tgl. Die Fahrplanfrequenz im Radius von ca. 100 km um Reykjavík ist dichter.

Stadtbusse in Reykjavík: www.straeto.is.

Stadtbusse in Akureyri befördern Passagiere kostenlos.

Autofähren laufen die Westmännerinseln und Hrísey bzw. Grímsey an und überqueren die Bucht Breiðafjörður im

Westen. Andere Fähren, wie etwa zum abgelegenen Naturschutz- und Wandergebiet Hornstrandir, müssen vorgebucht werden. Ausflugsboote gibt es an diversen Stellen der Insel, um Robben, Wale oder Vögel zu beobachten.

Flugzeug

Vom Inlandflugplatz in Reykjavík starten planmäßige Inlandsflüge zu mehreren Destinationen rund um die Insel. Anbieter sind Eagle Air (www.eagleair.is) und Air Iceland Connect (www.airicelandconnect.is).

Fahrrad

Ausgesprochene Fahrradwege gibt es nur in Reykjavík und unmittelbarer Umgebung, in Akureyri und an wenigen anderen Stellen des Landes. Angesichts des häufigen Windes und der vielen Steigungen kann sich die Ringstraße trotz ihrer durchgehenden Asphaltierung als Herausforderung präsentieren. Wer mit dem Rad ins Hochland aufbrechen will, muss sich der unüberbrückten Flüsse bewusst sein, die nicht selten ein mehrmaliges Durchwaten des Gewässers

verlangen, um Rad und Gepäck ans andere Ufer zu befördern. Die Hochlandpisten sind rau und teilweise, wie im Kaldidalur, wellblechartig beschaffen – über viele Kilometer. Übernachtungsmöglichkeiten und/oder Campingplätze sind dort rar und liegen oft weiter als eine Tagesstrecke auseinander.

Überlandbusse befördern in den Sommermonaten eine begrenzte Anzahl an Rädern.

Weitere Tipps und Infos zum Radfahren in Island unter www.cyclingiceland.is.

Zeitverschiebung

In Island gilt die Westeuropäische Zeit, der Unterschied zur Mitteleuropäischen Zeit beträgt im Sommer -2, im Winter -1 Std.

Zoll

Reit- und Angelzubehör muss vor der Einreise nachweislich desinfiziert werden, um Islands Pferde und die Natur zu schützen; viele Tierkrankheiten gibt es in Island nicht, und damit auch keine Antikörper. Haustiere können nicht mitgebracht werden. Auskunft über zollfreie Einfuhrquoten: www.tollur.is.

Þ

Þakgil 171
Þingvellir-Nationalpark 185
Þjóðveldisbærinn 178
Þórshöfn 142
Þórsmörk 196

A

Abendgestaltung
  Borgarleikhús, Reykjavík 78
  Gaukurinn, Reykjavík 77
  Lebowski Bar, Reykjavík 77
Akranes 91
Akureyri 124
Alþingi 16
Anreise 208
Apps 210
Architektur 28
Arctic Henge 141
Arnarson, Ingólfur 16
Ásbyrgi 140
Auskunft 208
Ausrüstung 210

B

Bakkagerði 151
Bier 154
Bildende Kunst 44
Bláa Lónið 88

Blaue Lagune 88
Blönduós 114
Borgarfjörður 201
Borgarnes 93
Buchtipps 208
Búðahraun 102
Búðardalur 107

D

Deildartunguhver 98
Dettifoss 140
Diplomatische Vertretungen 210
Djúpivogur 158
Dverghamrar 167
Dynjandi 108
Dyrhólaey 171

E

Egilsstaðir 147
Einkaufen
  Álafoss, Mosfellsbær 80
  Aurum, Reykjavík 75
  Erpsstaðir, Búðardalur 108
  Handprjónasamband Íslands,
    Reykjavík 77
  Icewear, Vík í Mýrdal 172
  Kidka, Hvammstangi 113
  Kirsuberjatréð, Reykjavík 75
  Knifemaker, Mosfellsbær 80

870–930

Von Norwegen und den Britischen Inseln aus erfolgt die **erste Besiedlung** Islands.

1000

Das Althing beschließt die **Einführung des Christentums** in Island.

In **Þingvellir** tritt die Nationalversammlung, das **Althing**, zusammen und bildet das erste Parlament Europas, das fast ohne Unterbrechung über 1000 Jahre besteht. → S. 185

930

Kolaportið, Reykjavík 75
Penninn Eymundson,
    Reykjavík 75
Penninn Eymundsson,
    Akureyri 128
Tólf Tónar, Reykjavík 77
Eiríksson, Leifur 17
Eldey 86
Eldgjá 194
Elfen 81, 82
Erik der Rote 17
Eskifjörður 153
Essen und Trinken
CAFÉS
Bókakaffið, Selfoss 181
Bókakaffi Fellabær, Fellabær 150
Café Laut, Akureyri 128
Café Loki, Reykjavík 74
Café Paris, Reykjavík 74
Café Simbahöllin, Þingeyri 109
Café Sumarlína,
    Fáskrúðsfjörður 156
Eldstó Art Café, Hvolsvöllur 177
Kaffi Duus, Reykjanesbær 85
Kaffi Krókur, Sauðárkrókur 118
Kaffi Kyrrð, Borgarnes 94
Kaffi Raudka, Siglufjörður 124
Kaffivagninn, Reykjavík 73
Súfistinn Kaffihús,
    Hafnarfjörður 81

MARKTHALLEN
Grandi Mathöll, Reykjavík 73
RESTAURANTS
Báran, Þórshöfn 142
Brunnhóll, Hornafjörður 163
Farmer's Bistro, Flúðir 183
Fjallakaffi, Möðrudalur 143
Gamli Baukur, Húsavík 138
Gott, Vestmannaeyjar 175
Hafnarvagninn,
    Stykkishólmur 104
Hamborgarabúllan Tómasar,
    Reykjavík 74
Hannes Boy Café,
    Siglufjörður 124
Humarhöfnin, Höfn 162
Matur og Drykkur, Reykjavík 74
Narfeyrarstofa,
    Stykkishólmur 104
Röstinn, Garður 85
Sægreifinn, Reykjavík 74
Skyrgerðin, Hveragerði 189
Smiðjan Brugghús,
    Vík í Mýrdal 171
Systrakaffi,
    Kirkjubæjarklaustur 167
Teni/Ömmukaffi, Blönduós 115
Tryggvaskáli, Selfoss 180
Vogafjós Restaurant, Mývatn 136
Eyjafjallajökull 22

um 1000

Erik der Rote entdeckt Grönland und gründet dort Siedlungen. Sein Sohn **Leif Eriksson** erforscht die Küste Nordamerikas. Seine Siedlung im heutigen Neufundland hat aber keinen Bestand.

1341

Ausbruch des Vulkans **Hekla**; Hungersnot und Seuchen dezimieren die Bevölkerungum zwei Drittel. → S. 196

Die nunmehr **christlichen Häuptlinge** halten gleichzeitig die weltliche und die kirchliche Macht in Händen. Die Kirche kämpft mithilfe der **norwegischen Krone** um Einfluss.

11.–13. Jh.

F

Fáskrúðsfjörður 156
Feiertage 210
Festkalender 40
Film 46
Finnbogadóttir, Vigdís 76
Fjaðrárgljúfur 167
Fjallfoss 108
Fjórðungsalda 197
Flatey 105
Flúðir 181

G

Gamli bærinn Laufás 129
Garðabær 62
Garður 85
Geld 210
Geschichte 16
Geysir 184
Glaumbær 115
Goðafoss 132
Golden Circle 183
Grábrók 106
Grænavatn 89
Grettislaug 117
Grímsey 124
Grindavík 87
Gullfoss 184
Gunnuhver 86

H

Hafnarfjörður 80
Hallmundarhraun 100
Handwerk 52
Haugsnes 117
Heimaey 173
Hekla 22, 23, 196
Hella 177
Hellisheiðarvirkjun 188
Herðubreið 197
Hochland 190
Höfn 161
Hofsós 120
Hólar 119
Hólmavík 110
Hornafjörður 162
Hotels
  Black Beach Suites,
    Vík í Mýrdal 171
  Black Pearl, Reykjavík 72
  Breiðavík, Látrabjarg 108
  Cora's House and Horses,
    Bjarnastaðir 189
  Einishús Cottages, Mývatn 136
  Fjalladýrð, Möðrudalur 143
  Fosshótel Austfirðir, Fáskrúðs-
    fjörður 156
  Frost og Funi, Hveragerði 189
  Gistiheimilið Eyvindarholt,
    Reykjavík 73

14.–15. Jh.

Herrschaft Dänemarks, der führenden Kraft der drei skandinavischen Königreiche, über Island. Handelsmonopole und Hanse beherrschen Islands Wirtschaft.

1783/84

Ausbruch des **Laki**. Die folgende **Hungersnot** kostet 10000 Isländern das Leben. → S. 194

Hinrichtung des letzten katholischen Bischofs in Island, Jón Arason, und **Einführung** der evangelisch-lutherischen Religion.

1550

Gistihúsið – Lake Hotel,
  Egilsstaðir 150
Guesthouse 1x6, Reykjanesbær 84
Harbour View, Grindavík 88
Havarí, Djúpivogur 159
Héraðsskólinn Historic
  Guesthouse, Laugarvatn 186
Hoffell, Hornafjörður 163
Hótel Aldan, Seyðisfjörður 153
Hótel Borg, Reykjavík 72
Hótel Búðir, Búðir 102
Hótel Djúpavík, Strandir 111
Hótel Flatey, Flatey 106
Hótel Framtíð, Djúpivogur 159
Hótel Glymur, Hvalfjörður 93
Hótel Húsafell, Húsafell 99
Hótel Kea, Akureyri 128
Hótel Laugarbakki,
  Laugarbakki 113
Hótel Tindastóll, Sauðárkrókur 118
Hótel Viking, Hafnarfjörður 81
Hvammsgerði B & B,
  Hvammsgerði 146
Kaldbaks-Kot Cottages,
  Húsavík 138
Kex Hostel, Reykjavík 73
Kirkjubær, Stöðvarfjörður 158
Lighthouse Inn, Garður 85
Lónkot, Hofsós 120
Mjóeyri, Eskifjörður 153

Óbyggðasetur, Norðurdalur 149
Puffin Nest Capsule Hostel,
  Vestmannaeyjar 174
Skálakot, Hvolsvöllur 177
Skinnhúfa, Skinnhúfa 179
Traustholtshólmi, Selfoss 180
Vaktahouse, Reykjavík 72
Vogafjós Guesthouse, Mývatn 136
Hot Pots 26
Hraunfossar 99
Hrútey 115
Húsafell 99
Húsavík 137
Hvalfjörður 93
Hvammstangi 113
Hvanneyri 94
Hveragerði 187
Hveraрönd 135
Hvolsvöllur 176

I
Ísafjörður 109
Islandpferd 122
Islandpullover 52

J
Jarðböðin við Mývatn 136
Jökulsárgljúfur 140
Jökulsárlón 164
Jónsson, Einar 69

1800

Auflösung des
Althings durch
Dänemark.

1940

Britische Truppen
besetzen die Insel; sie
werden 1941 von **US-
Amerikanern** abgelöst.

Mit dem **Unionsvertrag**
wird eine Union von
Island und Dänemark
begründet.

1918

K

Kabeljaukrieg 19
Kaldidalur 192
Kárason, Einar 36
Katla 22
Kerlingarfjöll 193
Kirkjubæjarklaustur 166
Kjölur 193
Kleidung 210
Kleifarvatn 89
Kópavogur 62
Krafla 135
Krýsuvík 89
Kulinarik 54, 56
Kulinarisches Lexikon 58
Kultur 44

L

Lagarfljót 148
Laki-Krater 23, 194
Landmannalaugar 195
Langisandur 92
Látrabjarg 108
Laugafell 193
Laugardalur 78
Laugarvatn 185
Laugarvatnshellir 185
Laxness, Halldór Kiljan 32, 34, 79
Links 210
Literatur 32

M

Magnússon, Árni 96
Medizinische Versorgung 211
Melrakkaslétta 141
Möðrudalur 142
Mosfellsbær 79
Museen und Galerien
  Árbæjarsafn, Reykjavík 71
  Bustarfell, Vopnafjörður 146
  Byggðasafnið Garðar Akraness 92
  Byggðasafn Vestfjarða,
    Ísafjörður 110
  Duus Safnahús, Reykjanesbær 84
  Eiríksstaðir 107
  Eldfjallasafn, Stykkishólmur 103
  Eldheimar, Heimaey 174
  Frakkar á Íslandsmiðum,
    Fáskrúðsfjörður 156
  Fuglasafn, Mývatn 134
  Galdrasýning á Ströndum,
    Hólmavík 111
  Gallerí Snærós,
    Stöðvarfjörður 157
  Gamli bærinn Laufás 129
  Glaumbær 115
  Gljúfrasteinn, Mosfellsbær 79
  Heimilisiðnaðarsafn,
    Blönduós 114
  Hellisheiðarvirkjun,
    Hellisheiði 188

1944

In Þingvellir wird am
17. Juni die **Republik**
ausgerufen.

1955

Halldór Laxness
erhält den Literatur-
nobelpreis.

Island wird Mitgliedsstaat
der **Vereinten Nationen**.

1946

Hvalasafnið á Húsavík,
Húsavík 137
Íslenski bærinn, Selfoss 180
Landnámssetur, Borgarnes 94
Langabúð, Djúpivogur 159
Lava Centre, Hvolsvöllur 177
Listasafn Einars Jónssonar,
Reykjavík 69
Listasafnið á Akureyri,
Akureyri 125
Listasafn Íslands, Reykjavík 67
Listasafn Reykjavíkur,
Reykjavík 64
Listasafn Svavars Guðnasonar,
Höfn 162
Minjasafn Austurlands,
Egilsstaðir 147
Nonnahús, Akureyri 127
Norska Húsið, Stykkishólmur 104
Reykjavík 871 ±2 / Landnáms-
sýningin, Reykjavík 66
Rokksafn Íslands,
Reykjanesbær 83
Saga Museum, Reykjavík 64
Sagnheimar, Heimaey 174
Síldarminjasafnið, Siglufjörður 121
Skaftfell, Seyðisfjörður 152
Skógasafn, Skógar 172
Sögusetrið á Hvolsvelli,
Hvolsvöllur 176

Steinasafn Petru,
Stöðvarfjörður 157
Tækniminjasafn Austurlands,
Seyðisfjörður 152
Víkingaheimar, Reykjanesbær 83
Þjóðminjasafn Íslands,
Reykjavík 67
Þjóðveldisbærinn,
Þjórsárdalur 178
Mývatn 132

N
Námafjall 135
Nauthólsvík 78
Nordlichter 39
Notruf 211
Nýidalur 194

O
Öræfajökull 23

P
Post 211

R
Reisedokumente 211
Reiseknigge 211
Reisezeit 212
Religion 15

1963

Island vergrößert nach
einem **Vulkanausbruch**
mit der neuen Insel
Surtsey sein Staatsgebiet
um 1,41 km². → S. 173

2010

Ausbruch des
Eyjafjallajökull.
→ S. 22

Die internationale
Finanzkrise bringt
Island an den Rand
des Staatsbankrotts.

2008

Reykholt 95
Reykjanesbær 83
Reykjanesviti 86
Reykjavík 63
Ringstraße 116

S
Sauðárkrókur 115
Schaf- und Pferdeabtrieb 42
Selárdalslaug 147
Selfoss 140, 180
Seljalandsfoss 175
Seltún 89
Seyðisfjörður 151
Sicherheit 212
Siglufjörður 121
Sigurðsson, Sigurjón Birgir 37
Skaftafell 165
Skógar 172
Skríðuklaustur 149
Snæfellsjökull-Nationalpark 100
Snæfellsnes 100
Sprache 14
Sprengisandur 193
Stöðvarfjörður 157
Strandir 111
Strom 212
Sturluson, Snorri 32
Stykkishólmur 103

T
Telefon 212
Thermalenergie 26
Tungnafellsjökull 194

U
Urriðafoss 178

V
Vatnajökull 22
Verkehr 213
Vestmannaeyjar 172
Viðey 224
Viðgelmir 100
Vík í Mýrdal 170
Vopnafjörður 145
Vulkanismus 22

W
Walbeobachtung 78, 105, 110, 128, 138
Wechselkurs 210
Westfjorde 90
Westmännerinseln 172
Wikinger 20

Z
Zeitverschiebung 214
Zoll 214

2011

Eröffnung des spekta-
kulären Konzerthauses
Harpa in Reykjavík.
→ S. 69

Der parteilose Guðni Jóhannesson
gewinnt als Amtsinhaber die **Präsi-
dentschaftswahlen** im Juni haus-
hoch mit über 90 % Zustimmung.

2020

IMPRESSUM

BILDNACHWEIS

Titelbild (Gletscherlagune Jökulsárlón, Südisland), Getty Images: Aurora Open/Tamboly Photodesign
Adobe Stock: basiczto 39, Ikoimages 131 | AWL Images: Eisele-Hein, Norbert 11, Miracky, Jan 202 | dpa: AP Photo/Dana, Felipe Klappe hinten, imagebroker/Lenz, Günter 84, imagebroker/Weyers, L. 161, Nitzschke, Michael 29, Picture Alliance 18, The Holbarn Archive/Leemage 20 | Getty Images: Bim 187, Digital Vision Vectors/duncan1890 168, EyeEm/Blok, Frans 95, fitopardo 56, Gudonsson, Pall 23, Josefsson, Bragi Thor 53, Moment RF/Gorin, Anna 145, Moment RF/Jauron, Vicki 125, Moment RF/larigan2019 98, Stone RF/Meola, Eric 221, Stone RF/Otte, Silvia 188 | Huber Images: Busse, Jürgen 45, Kremer, Susanne 54, Mackie, Tom 109, Williams-Ellis, Matt 66 | imago images: Design Pics 120, 122, imagebroker 114, Seeliger 216, United Archives International 71 | laif: Haenel, Gerald 5 , Kerber, Christian 152, Walker, Brooks 196 | Look: age fotostock 129, 140, 224, Minden Pictures 91, Neumann, Michael 133, robertharding 139, Schoenen, Daniel 42 | mauritius images: Alamy/Arctic images 179, Alamy/Boettcher, Marc 107, Alamy/Cardozo, Yvette 151, Alamy/Classic Image 97, Alamy/CPA Media Pte Ltd 33, Alamy/Gozansky, Bill 204, Alamy/Keldon Photography 24, Alamy/Kennedy, Bill 158, Alamy/Keystone Press 34, Alamy/Koczwara, Matthew 154, Alamy/Korzhenko, Oleksandr 148, Alamy/Montgomery, Susan 50, Alamy/Odinsson, Thorsten 182, Alamy/pictureproject 46, Alamy/Revirado 119, Alamy/Sheppardson, Steven 218, Alamy/Stiop, Alexey 134, Alamy/The History Collection 81, Alamy/The Picture Art Collection 17, Alamy/Tirapolsky, Roman 72, Angela to Roxel 206/207, Bleyer, Dirk 195, ClickAlps 101, Krüger, Olaf 157, SagaPhoto 75 | plainpicture: Cultura/Lund, Christopher 6/7 | Shutterstock.com: Balada, Michal 192, berni0004 88/89, CHARTGRAPHIC 220, Creative Family 60/61, Creative Travel Projects 176, DanielFreyr 217, Fominayaphoto 184, Javen 222, jeafish Ping 170, K.Narloch-Liberra 87, Mark Pitt Images 49, Mayovskyy, Andrew 3, Orr Matzkin 173, oryx 165, Roberto La Rosa 219, schame 191, Senkov, Oleg 13, Shaiith 198/199, takepicsforfun 104, Ververidis, Vasilis 27, Vikamsey, Ketan 92, ZinaidaSopina 9

Liebe Leserin, lieber Leser,

wir freuen uns, dass Sie sich für diesen MERIAN Reiseführer entschieden haben. Unsere Autoren und Autorinnen sind für Sie unterwegs und recherchieren sehr gründlich, damit Sie mit aktuellen und zuverlässigen Informationen auf Reisen gehen können. Dennoch lassen sich Fehler nie ganz ausschließen, zumal zum Zeitpunkt der Drucklegung die Auswirkungen von Covid-19 auf das Hotel- und Gastgewerbe vor Ort noch nicht vollständig abzusehen waren. Wir bitten um Verständnis dafür, dass der Verlag keine Haftung übernehmen kann.

Ihre Meinung ist uns wichtig. Bitte schreiben Sie uns:
GRÄFE UND UNZER VERLAG
Postfach 86 03 66, 81630 München, www.merian.de

PEFC/18-31-506

Leserservice
merian@graefe-und-unzer.de

© 2021 GRÄFE UND UNZER VERLAG GmbH, München
MERIAN ist eine eingetragene Marke der GANSKE VERLAGSGRUPPE.

1. Auflage 2021

Alle Rechte vorbehalten. Nachdruck, auch auszugsweise, sowie die Verbreitung durch Film, Funk, Fernsehen und Internet, durch fotomechanische Wiedergabe, Tonträger und Datenverarbeitungssysteme jeglicher Art nur mit schriftlicher Genehmigung des Verlages.
Bei Interesse an maßgeschneiderten B2B-Editionen:
roswitha.riedel@graefe-und-unzer.de
Bei Interesse an Anzeigen:
KV Kommunalverlag GmbH & Co. KG
Tel. 0 89/9 28 09 60
info@kommunal-verlag.de

Verlagsleitung Reise: Philip Laubach
Verlagsredaktion: Susanne Kronester
Autoren: Gudrun M. H. Kloes, Marled Mader, Christian Nowak
Redaktion und Satz: Thomas Rach
Bildredaktion: Marie Danner
Schlussredaktion: Oliver Kiesow
Reihengestaltung: Independent Medien Design, Horst Moser, München
Karten: Huber Kartographie GmbH für Gräfe und Unzer Verlag GmbH
Herstellung: Renate Hutt
Druck und Bindung: Printer Trento, Italien

Ein Unternehmen der
GANSKE VERLAGSGRUPPE

ISLAND EN DETAIL

Yoko Ono, die Aktionskünstlerin und Witwe des Beatle John Lennon, wählte 2007 die kleine Insel Viðey direkt vor Reykjavík für ihren **Imagine Peace Tower**, eine Friedensbotschaft, die sie dem Andenken des 1980 ermordeten Musikers und dem gemeinsamen Streben nach Weltfrieden widmet. Ein blauer Lichtstrahl steigt zwischen dem 9. Oktober und dem 8. Dezember jedes Jahr steil zum Himmel und markiert den Geburtstag sowie den Todestag Lennons. Auf dem Sockel des Lichtspiels steht die Botschaft »Imagine Peace« übersetzt in 24 Sprachen. Nicht zuletzt hat die immaterielle Friedenssäule neben einem Internetauftritt auch eine Postanschrift in Reykjavík.

G r

Straumnes — Hornbjarg

Hornstrandir

Ísafjardardjúp — Dranga-jökull

Bolungarvík

Flateyri — Ísafjördur — 6

Súdavík — Strandir — Nordurfjördur — Siglufj

Gjögur — Reykjarfjördur — Skaga-fjördur — Ól

Þingeyri — 61 — 7

Arnarfjördur — 60 — 920 — Húnaflói — Skaga-strönd — Grettis

Patreks-fjördur — Bíldudalur — V e s t f i r d i r — Drangsnes — Blönduós — Saud

Tálknafjördur — 61 — Hólmavík — 74

Patreksfjördur — Flókalundur — Brjánslækur — 60 — Reykir — Vidimýri — 1

Látrabjarg — 3 — 61 — Hvammstangi

Flatey — Vatnsnes — Grímstunguheidi — F35

Skárd — 60 — Blanda — Eyvin

B r e i d a f j ö r d u r — Bordeyri — 61

Stykkishólmur — Hvammsfjördur — Budardalur — 5 — Eiríksstadir

Hellisandur — Ólafsvík — Grundarfjördur — Hvammsfjördur — 1

Grundarfjördur — S n æ f e l l s n e s — Surtshellir

3 — 1446 — Búdir — 4 — Langjökull — Kjölur

Snæfellsjökull — Arnarstapi — Grábrók — Vidgelmir

54 — Hvítárvatn

Hvanneyri — Reykholt — Hvítá

Borgarnes — 2 — Grímsá — Haukadalur

F a x a f l ó i — Borgarfjördur — 52 — Þjófgardur — Geysir

47 — 10 — Þingvellir — 8

Akranes — 1 — Þingvalla- — Geysir — 9 — Gullfoss

Hvalfjördur — Videy — kirkja — Laugarvatns- — Gullfoss

1 — Reykjavík — 1 — Esja — Þingvellir — hellir — Laugarvatn

Gardur — Hafnar- — Kópa- — Skálholt — 32

Reykjanesbær/ — fjördur — vogur — 15 — Hellis-

Keflavík — heidarvirkjun — 13 — 26 — Hekla

Hafnir — 2 — Bláa Lónid — Hveragerdi — Selfoss — Úrridafoss — 1491

Reykjanes — Grindavík — Krísuvík — Þorláks- — Hella

Eldey — höfn — Stokkseyri — Hvolsvöllur

Viogelmir — 1 — Eyjafjallajökull

Landeyjahöfn

Skógar

Heimaey — Dyrhól

Vestmannaeyjar

Surtsey

A t l a n t i

Grönland (DK)

Grönland-see

Dänemarkstraße — Polarkreis

Island

Reykjavík — Färöer (DK)

Atlantischer Ozean

Glasgow

Irland — GB